관찰의 눈

Today's Office
Copyright ⓒ 2013 by Jan Chipchase
All right reserved.
Korean translation copyright ⓒ 2014 by WINNER'S BOOK

이 책의 한국어판 저작권은 Jan Chipchase와 독점으로 계약한 위너스북에 있습니다.
저작권법에 의하여 한국 내에서 보호를 받는 저작물이므로 무단전재와 복제를 금합니다.

관찰의 눈

호기심의 문을 열고 전 세계 일상을 담다
Today's office

얀 칩체이스 지음
야나 마키에이라 옮김 | 이주형 감수

관찰의 눈
초판 1쇄 발행 2014년 1월 22일

지은이 | 얀 칩체이스
옮긴이 | 야나 마키에이라
감수 | 이주형
발행인 | 홍경숙
발행처 | 위너스북

경영총괄 | 안경찬
기획편집 | 김시경, 노영지

출판등록 | 2008년 5월 2일 제310-2008-20호
주소 | 서울 마포구 합정동 370-9 벤처빌딩 207호
주문전화 | 02-325-8901
팩스 | 02-325-8902

디자인 | 썸앤준
제지사 | 한솔PNS(주)
인쇄 | 영신문화사

ISBN 978-89-94747-24-8 (13320)

* 책값은 뒤표지에 있습니다.
* 잘못된 책이나 파손된 책은 구입하신 서점에서 교환해 드립니다.
* 위너스북에서는 출판을 원하시는 분, 좋은 출판 아이디어를 갖고 계신 분들의 문의를 기다리고 있습니다.
  winnersbook@naver.com | tel 02) 325-8901

이 도서의 국립중앙도서관 출판시도서목록(CIP)은 서지정보유통지원시스템 홈페이지(http://seoji.nl.go.kr)와 국가자료공동목록시스템(http://www.nl.go.kr/kolisnet)에서 이용하실 수 있습니다
(CIP제어번호: CIP2013027114)

호기심의 눈을 열고 여행하라

Thank you.
Stay Curious.
Travel Interesting

한국어판 서문

우리는 모두 지름길을 좋아한다.
통찰력 있는 아이디어에서 획기적인 상품이나 서비스에 곧장 이르는 길 말이다.

대중은 차기 히트작을 터뜨릴 바로 그 불꽃 같은 아이디어를 찾아서 지름길을 나선 기업의 영웅을 환호하며, 그의 기업과 경력이 하늘 높이 치솟는 것을 열광하며 지켜본다.

그러나 언론이 어떤 내용을 쓰든, 어떤 방법으로 정보를 받았든(보통 애사심이 지나친 마케팅 부서를 통해서 받는다) 혁신의 과정은 그런 식으로 이루어지지 않는다. 물론 우리가 지름길을 좋아하는 정당한 이유가 있긴 하다. 깊이 생각을 할 필요가 없기 때문이다. 지름길은 집중력 짧은 현대인들에게 열심히 노력하지 않고도 '깨달음'을 얻을 수 있다는 느낌을 준다. 그러나 제품이나 서비스를 시장에 소개해본 사람이라면 그 과정이 얼마나 구불구불하고 힘들며 지저분한지 알 것이다. 또한 훨씬 더 섬세하고 훨씬 더 흥미롭다. 여러분들이 이 책에서 가끔 마주치는 '디자인적 사고' 접근방식은 자연스러운 맥락 속의 사람들을 연구하는 것을 포함하는데, 이는 그 과정에서 중요한 시작 부분이다.

기업들이 현장 조사에 투자를 하는 이유는 무엇일까? 다른 곳에서는 배울 수가 없고 현장에서만 얻을 수 있는 것이 도대체 무엇일까?

'디자인적 사고'와 혁신 과정의 중심에 사람들을 투여할 때 얻을 수 있는 중요한 이점은 다음과 같다.

- 사람들의 행동과 동기를 이해할 수 있다. 정량적 조사는 무슨 일(what)이 일어나는지 알려주고 그 방법(how)에 대한 이해를 돕는다. 디자인 연구 같은 정량적 조사를 제대로 실시한다면 그 이유(why)도 알게 될 것이다.
- 기존 고객층과는 전혀 다른 새로운 고객층을 파악하고 소통하기 위해서 조직 내의 문화적 전환을 일으킬 수 있다. 한국처럼 지역 특유의 시장 표준이 강한 곳에서 일을 하는 경우에 이 효과는 매우 중요하다. 일본에서 심각한 문제가 되고 있는 '갈라파고스 현상(자신들만의 표준만 고집함으로써 세계시장에서 고립되는 현상을 뜻하는 말로, 주로 일본 IT산업의 상황을 일컫는 말로 쓰인다-옮긴이)'을 극복하고, 흥미로운 제품을 국제 규격에 맞춰 고립화를 막아 세계시장 진출에 도움을 준다.
- 혁신의 기회를 파악하고 그것을 어떻게 활용할지에 대한 확실한 이해를 돕는다.

- 다듬어지지 않은 창조적 자료 및 통찰과 더불어 여러 가지 요구를 해결할 제품과 서비스에 대한 우선적 이해를 제공한다.
- 아이디어에 관객을 몰입시킬 이야기를 얻을 수 있고 그러한 아이디어를 기업을 넘어서 더 넓은 곳으로 몰고 갈 수 있다.

나의 고객들 중 지름길을 가장 많이 요구하는 것은 한국 기업들이다. 그들은 새로운 제품과 서비스를 낳는 아이디어가 어디에서 오는지 알고 싶어하고 그 원천을 추적하길 원한다. 어떻게 보면 이러한 열정과 추적은 유익하다. 왜냐하면 연구팀이 생각하는 통찰과 기회가 무엇인지 스스로 생각해보도록 만들기 때문이다. 이는 시차 적응에 시달리는 연구팀이 빡빡한 일정 아래 많은 양의 데이터를 처리하다 보면 놓치기 쉬운 부분이기도 하다. 그러나 다른 한편으로, 상의하달 식으로는 도달할 수 없는 결론을 얻기 위해 믿음의 도약을 하는 우리들의 능력이나 오랜 삶의 경험을 간과하게 된다. 전기는 전깃줄을 타고 움직이지만 불꽃은 어느 곳으로도 튈 수 있다.

프로그(frog) 디자인 컨설팅 회사의 글로벌 인사이트 최고 크리에이티브 디렉터(Executive Creative Director)로 일하면서 모든 산업에 걸쳐 다양한 지역에서 1년에 수백 건의 크고 작은 프로젝트를 감독한다. 나의 전문 분야는 새롭고 도전적인 시장을 개척하는 것이다. 지구의 곳곳에서 세계화가 이뤄짐에 따라 나 역시 지구 곳곳을 다니며 일한다.

현장에는 언제나 통찰력 있는 자료를 수집하고 분석하는 여러 팀들이 있다. 중국의 중소 도시에서 이제 일반 대중을 위한 휴대폰 대량 판매 시장에 대한 요구를 조사 중인 팀도 있을 것이고, 미래 운송 수단을 위한 소비자의 기저 욕구를 이해하기 위해 6개국에 걸친 힘든 연구를 진행하고 있는 팀도 있을 것이며, 널리 쓰이는 주방 및 욕실 제품을 생산하는 소비재 회사를 위해 급변하는 아시아를 가로지르며 조사를 하고 있는 팀이나 브라질 도심 빈민촌이나 리우데자네이루로 가서 새로이 부상하는 중산층의 소비 행위를 이해하는 팀 등 프로젝트를 다 열거하려면 끝이 없다.

이러한 고객사들이 묻는 질문의 종류는 매우 광범위하게 시작한다.
  '중국 시장에서 성장하려면 어떻게 브랜드 포지셔닝을 해야 하나?'
  '주요 세계시장들에서의 소비자 요구는 어떻게 다른가?'
  '우리가 제공할 4G 전화 서비스의 틀을 잡아 달라.'
  '우리가 새 상품을 내는 데 있어서 어떤 기회가 있는지 설명하고 제품
   을 위한 로드맵의 틀을 잡는 것을 도와 달라.'

이 각각의 경우에 있어서 현장 조사는 그 과정에서 결코 유일하거나 가장 중요한 부분은 아니다. 조사 내용을 이해하고, 배운 것과 조직 내에서 실제로 가능한 것의 관계를 파악하며, 기술적으로 무엇이 실행가능한지 알아보기 위해서는 다양한 능력을 가진 사람들로 구성된 팀이 필

요하다. 디자인이 반복될 때마다 그것은 기회를 정의하고 설명한다. 즉 제품과 서비스가 어떤 형태와 기능을 가질 것인지, 어떻게 이름을 짓고 브랜딩을 하며 시장에서 포지셔닝을 할 것인지에 대한 세부 사항이 보인다. 대부분의 연구는 디자이너, 전략가, 기술전문가 등 여러 분야의 전문가들에 의해 이뤄지며 현장에 있는 고객사 직원이 종종 합류하기도 한다.

리서치 작업을 하다 보면, 소위 '빅데이터'라고 부르는 데이터 사이언스를 모든 문제를 해결하는 마법의 열쇠로 보려는 유혹이 강하게 온다. 데이터 중심의 디자인 접근방식이 일종의 통찰과 기회를 끌어낼 것이라 믿는데, 그중에는 실제로 혁신적인 것도 있다. 그러나 그전에 데이터에 관해 영리한 질문을 던지며 그 데이터가 우리에게 알려주는 것에 한계가 있다는 것을 이해하는 능력이 필수적이다. 훌륭한 현장 조사는 그러한 영리한 질문을 던질 수 있는 도구를 제공한다.

나의 첫 저서 《관찰의 힘》은 디자이너나 연구원들을 비롯해 호기심 많은 일반인을 위해 쓰인 책으로, 세상을 다른 각도로 보는 방법을 제시한다. 여러분이 손에 쥐고 있는 나의 두 번째 저서는 현장에서의 연구를 좀 더 생생하게 담아 그 속도를 피부로 느낄 수 있도록 했다. 이러한 현장 조사의 한가운데서 우리가 구체적으로 얻는 것이 무엇인지 알 수 있을 것이다. 부디 이 책을 통해 한국의 독자들이 나와 함께 세계를 누비는 경험을 할 수 있길 바란다. 나아가 다년간의 연구를 통해 깨달은 진실 하나, 즉 '지름길은 없다'는 나의 생각에 여러분들이 동의할 수 있게 된다면 더 바랄 것이 없겠다.

2013년 12월
얀 칩체이스

감수자의 말

얀 칩체이스는 복 받은 사람이다. 일을 하는 건지 노는 건지 헷갈리도록 전 세계를 돌아다니면서 돈도 받고 명성도 누리면서 세계적인 베스트셀러를 내더니 이제는 '화보집'까지 냈으니 말이다.

《관찰의 힘》이 예능 프로그램 〈정글의 법칙〉의 비즈니스 버전을 글자로 읽는 것이라면, 이번에 소개하는 《관찰의 눈》은 같은 프로그램을 생생한 사진으로 보는 것이다. 《관찰의 힘》이 대학교 마케팅 조사 방법론 수업이라면, 《관찰의 눈》은 백화점 문화센터 사진 특강이다. 한마디로 《관찰의 힘》이 출장 보고서라면, 《관찰의 눈》은 여행 일기다.

《관찰의 힘》의 감수자의 말에서 이 책을 "예능 프로그램 〈정글의 법칙〉의 비즈니스 버전"이라고 치켜세웠더니, 책이 나오고 나서 얼마 뒤 아내로부터 항의가 들어왔다. 정말 〈정글의 법칙〉처럼 재미있는 책인 줄 알고 열심히 읽기 시작했는데 쉽지 않은 내용과 저자의 문장 스타일 때문에 중도에 포기했다는 불만이었다. 책을 읽은 독자들의 서평을 인터넷에서 찾아 읽어보니, 매우 유익하고 인상적인 책이라는 평이 다수였지만, 일부 독자들은 결코 호락호락하지 않은 저자의 방법론과 조언에 대해서 불만을 표시했다.

하긴 《관찰의 힘》이 필자의 예상을 깨고(!) 온·오프라인 주요 서점 모두에서 베스트셀러가 되는 등 국내에서 상업적 성공을 거두었을 때, 필자는 독자들의 반응이 좀 걱정되긴 했다. 왜냐하면, 《관찰의 힘》이 어려운 학술 논문 같은 책은 아니지만 그렇다고 쉽게 읽을 수 있는 여행기 같은 책도 아니었기 때문이다.

이에 반해 《관찰의 눈》은 정말 여행기 같은 책이다. 얀 칩체이스의 '머리'를 들여다보는 책이 아니라 호기심의 '눈'을 열고 그가 둘러본 세상을 엿보고 여행자의 '가슴'을 느낄 수 있는 책이다. 이 책을 통해 우리는 평범한 일상 속에서 미래를 보는 생생한 사례를, 일본인 아내를 둔 영국 출신 사내의 눈으로 볼 것이다. 푸르스름한 조명의 회의실에서 유수의 글로벌 기업을 상대로 조사 결과를 설명하는 얀 칩체이스가 세계의 길거리에서 무엇을 보고 어떻게 느꼈는지 알게 될 것이다.

앞서 얘기했듯이 저자 얀 칩체이스는 복 받은 사람이다. 마찬가지로 《관찰의 눈》을 손에 든 여러분도 복 받은 사람이다. 이 책은 전 세계에서 가장 먼저 대한민국 독자들의 손에 쥐어지기 때문이다. 이 책을 번역해서 내놓기로 결정한 위너스북 출판사도, 미국이나 일본, 중국이 아니라 한국에서 가장 먼저 출간하기로 한 얀 칩체이스도 여러분에게 커다란 선물을 주었다. 이제 그 선물 상자를 열어보고 감동하는 일은 독자 여러분의 몫이다.

2013년 12월
이주형

목차

한국어판 서문 6
감수자의 말 12

서문 18

2006년

허용된 사용 한계치 22
도시 중심의 오아시스 28
관광버스 식 민족지학 30
당신의 가치 32
근무지 36
비행기 갈아타기 40
시차증, 장기적 시차증, 만성적 시차증 44
셋 중 하나 46
모니터기, 모니터링 48
목적지에 도착하기 52
팝업 작업실 54
내부 근무 58
포커스가 충분히 덜 맞춰진 그룹 60
조율하는 시간 64
보이는 것의 실체 66
대중을 위한 음악 68
폭풍이 지나가기를 기다리며 72
홀리데이 로맨스 74
안뜰 76
다시 시작하기 82
너무 많은 질문을 하지 말 것 84
거울을 믿지 말 것 90
나그네 설움 92
워크숍 96
낯선 곳 98
낯익은 곳 100
농촌 통신망 102
전력 부족 110
기억력 높이기 112

이른 아침, 위협적인 자세 114
아스팔트 위의 고무 117
하위문화의 속도 122
도쿄의 아침 124
스티커 사진기 127
페차쿠차 128
도심의 패션쇼 130
이곳에서 저곳으로 133
호텔 보안 136
제품 작명법 140
완벽하게 형편없는 호텔 144
다음 목적지로의 항해 148
우연한 소득 150
직역과 오역 152
볼링 나들이 154
이중 신호 156
잘못된 선택이 초래할 결과 158
공중목욕탕 162
잡음 비율 166
가면 놀이 167
태평양 일출 168
아스팔트 위에 떨어지는 눈 172
새벽 4시, 육체의 쾌락 174
제2의 집 180
가래가 바닥에 떨어지는 소리 185
직업을 위해 위험을 무릅쓸 각오 190
늘이고 줄이기 193

2005년

목요일의 통근 시간 *200*
경비 청구 *202*
작업을 걸지 말아야 할 때 *204*
소박한 즐거움 *206*
세 번째이자 마지막 *208*
두근거림 *209*
그곳에서 *210*
Seven Nine Eight *212*
자전거 도시 *214*
보온병 마개 소리 *222*
갇히다 *227*
자금 시장 *228*
참고 메모 *230*
자료 공유 *232*
외국인 통제 지역 *234*
기내 서비스 *236*
사진관 *238*
재접속하기 *240*
적절한 순간에 적절한 사람을 만난다는 것은 *242*
체감 위험도, 체감 안전도 *246*
재충전 *248*
올려다보면 보이는 것 *250*
내부에서 무슨 일이 일어나고 있는지 알아맞히기 *252*
한 해를 마감하며 *254*

부록 A : '오늘의 사무실'의 관하여 *256*
부록 B : 여행 순서 *259*
부록 C : 문화 충격에 관한 주석 *262*

에필로그 *265*
information *271*

여행의 목적지들

서문

나는 지난 10년 동안 빌딩숲이 울창한 대도시에서 외딴 산골 마을에 이르기까지 세계 곳곳을 다니며 1년의 절반을 길이나 하늘에서 보냈다.

이러한 여행은 대부분 현재와 미래의 소비자를 파악하고자 하는 고객 기업의 요청으로 이루어지는데, 프로젝트 한 건당 몇 주, 심지어 몇 달이 걸릴 수도 있다. 어떤 때는 혼자 여행하기도 하고, 가족과 함께 갈 때도 드물게 있다. 하지만 보통은 리서치를 해야 하기 때문에 이 일에 헌신적인 직원들을 모아 팀을 꾸리고, 능률적인 주거 및 근무 공간을 차린다. 그런 다음, 공식 인터뷰에서 비공식 가정방문에 이르는 다양한 방법을 동원하여 직접적인 체험과 관찰을 통해, 혹은 단순히 사람들과 어울리면서 리서치를 수행한다.

이러한 작업은 남들이 상상도 못할 만큼 고되지만 보람도 무척 크다. 수집한 자료를 소화하는 일과 새로운 것을 찾아나서는 일 사이에서 균형을 맞추는 것은 매우 중요하다. 이것을 통해 작업 진행도를 파악할 수 있으며, 또 일을 계속 이어나갈 수 있기 때문이다. 리서치를 하다 보면 한 도시에 몇 주씩 머물거나, 때로는 한 달이라는 짧은 기간에 여러 나라들을 연이어 다니기도 하며, 심지어 일주일 만에 세 대륙을 횡단해야 할 때도 있다. 이렇듯 숨 가쁘게 달리다 보면 다양한 나라뿐만 아니라 대륙들까지도 하나로 뒤엉켜 시간의 경계가 모호해진다.

이런 복잡함 속에도 완벽한 고요의 순간들이 존재하는 법이다. 담요를 두른 채 노트북을 앞에 두고 신선한 커피를 마시며 맞는 상파울루의 새벽. 우기의 폭우 속에 교통지옥을 뚫고 달려오고 있을 운전사를 두 시간째 기다리며 차이(chai)를 마시던 뭄바이 찻집. 혹은 아틀라스 산 자락을 따라 오랜 시간 산책을 한 후 벽난로에 발을 녹이며 현장 일지를 쓰는 오늘 같은 밤. 유리창에 얼굴을 대고 달을 바라보는 두 살배기 딸이 지금 내 곁을 지켜주고 있다.

바로 이러한 순간에 나의 펜은 바쁘게 움직이기 시작한다. 나 자신에게 보내는 메모를 쓰면서 반성의 기회를 갖고 지난 것을 감사하며 앞으로 만날 일들을 준비한다.

얀 칩체이스

2006

허용된 사용 한계치
일본, 홋카이도, 니세코

1월 5일 | 오늘의 사무실은 일본 북부 홋카이도 섬의 산 중턱에 위치한 료칸이다. 리서치 동료인 라파엘과 함께 이곳에 있는데 우리는 작년에 못다 한 일을 처리하고 다음 프로젝트에 대해 구상 중이다. 물론 그 중간에 적당한 기회를 찾아서 이 산을 탐험도 해볼 생각이다. 동네 밖으로 나가면 기온은 영하 10도로 떨어지는데, 3일 밤 연달아 폭설이 쏟아지고 있다.

우리가 머물고 있는 건물을 처음 보았을 때 상당히 실망했다. 허름하고 우중충한 것이 오래된 공장 건물처럼 보였다. 하지만 사흘이 지나자

내 집처럼 느껴지기 시작했다. 매일 저녁 직원들이 뜨거운 물이 든 보온병을 방에 넣어준다는 점도 도움이 된다. (운 좋게도 우리는 금방 갈은 질 좋은 커피와 커피메이커를 가져왔다.) 또 5분 거리에 탁 트인 근사한 공간이 있고, 와이파이에 암호를 걸어놓지 않은 고마운 사람도 숙소 근처에 산다.

침대 속으로 기어들어가 누웠다. 내 왼쪽 방바닥에는 눈구덩이에 빠졌다가 구조된 디지털카메라가 분해된 상태로 널려 있다. 아무쪼록 잘 말라서 정상 상태로 회복되기를 바랄 뿐이다. 힘든 상황에서 데이터를 포착하기가 쉽지 않다는 것을 잘 알고 있지만 오늘 밤에는 특히나 힘

든 일이 많았다. 영하 18도 되는 산중의 추위, 얼굴을 향해 정면으로 몰아치는 바람, 장비를 제대로 다루기 위해 어쩔 수 없이 겉장갑을 벗어야 하는 상황, 끊임없는 폭설로 20초 정도만 지나도 렌즈 가장자리에 눈이 쌓이는 문제 등. 이런 상황에서 카메라 렌즈에 붙은 눈을 제거하는 유일한 방법은 금속 부분에 혀가 달라붙지 않도록 조심하면서 핥는 일이다. (아니면 렌즈 보호마개에 오줌을 누는 방법이 있으나, 내가 과연 필요한 곳에 오줌 줄기를 정확하게 조준하여 쏠 수 있을지 자신이 없다. 물론 동료에게 그 일을 부탁할 마음도 전혀 없다.)

하지만 카메라가 계속 작동하고 사진과 메모리 카드가 추위 속에서 살아남았다는 데 만족한다.

사용자 경험 전문가들은 종종 가상의 인물이나 시나리오를 만들어 제품의 사용 방법을 논의하고 이해하는 데 이용한다. 그러나 적정 한계는 어디이며, 그 한계 범주 밖에서 제품을 사용할 때 무슨 일이 일어나는가? 카메라가 이러한 상황에서 작동하기를 기대하는 것이 합리적일까? 혹은 차 밑에 깔렸던 전화기가 작동하기를 기대하는 것은 합리적일까? 아니면 바지 뒷주머니에 넣어두었던 아이팟에 흠집이 나지 않기를 기대하는 것은 어떨까?

적정 사용법에 대한 소비자 인식을 크게 변화시킬 세 가지 추세가 있다. 소형화, 유연한 부품의 가용성, 수명이 다할 때까지 제품을 추적할 수 있는 능력이 바로 그것이다. 일단 물건이 작아지면 불편 없이 소지하거나 보관할 수 있는 장소의 범위가 늘어난다. 사용자들은 부담 없

이 호주머니나 손가방에 물건을 넣고 다닐 수 있다. 사용자들이 이제 제품과 함께 자유롭게 이동할 수 있다는 것은 맥락의 새로운 범위가 생겨난다는 의미이며, 그 결과 그들이 생각하는 적정 사용 범위에 대한 인식이 확장된다.

다음으로, 부드러운 살로 덮여 있는 신체에 딱딱한 물체가 닿는 것보다 유연한 물체가 닿는 편이 지니고 다니기가 더 편하다. 유연한 부품을 현명하게 사용한다면 여러 제품의 사용 범위가 늘어날 것이고 그와 더불어 사용자 기대치도 확대될 것이다.

마지막으로 구매에서 사용 및 폐기에 이르는 일련의 과정에서 우리가 제품을 추적하거나 제품이 우리를 추적하는 것이 가능해지면 우리가 가지고 있는 소유권, 사용, 남용에 대한 개념이 바뀔 것이다. 따라서 이러한 테두리를 넘어가는 행위가 초래하는 일에 대한 우리의 인식도 바뀔 것이 분명하다.

그렇게 되면 영수증이나 제품 보증에 대한 개념 역시 변하게 된다. 누구나 영수증을 갖고 있기 마련이다. 비용을 청구하거나 가계부를 쓸 때 참고를 한다든지 환불을 받을 때 쓸 목적이리라. 또는 방금 산 물건과 값을 치렀다는 증거 자료를 함께 갖고 있지 않으면 왠지 훔친 물건인 것처럼 찝찝하게 느껴지기 때문일지도 모른다.

요즘처럼 제품이나 서비스를 소비하는 행위가 이미 개인의 신원(신원이란 돈을 내는 능력과 거의 동의어가 되었으므로)과 연결이 되어 있는 시대에 가격 지불 증거로서 영수증의 기능은 별 의미가 없어졌다. 오늘날 우리는 소지품을 보면 그 사람을 알 수 있다. 미래에는 소지하지 않은 물건을 보고 그 사람을 알아보는 세상이 도래할 것이다.

도시 중심의 오아시스
일본, 도쿄, 오모테산도

1월 9일 | 오모테산도 거리 주변의 소매 점포들을 둘러보면서 다음 연구를 준비하는 중이다. 물론 여기에는 제품을 구입하여 지구촌 곳곳에 사는 지인들에게 보내는 행위도 포함된다. 일본 카페는 사람들이 인사를 주고받거나 이야기를 나누는 모습이라든가, 테이블 사이의 간격, 또는 사람들이 물건을 내려놓는 위치에서 주문한 음식의 질까지 다양한 부분에서 미묘하고도 독특한 경험을 할 수 있는 곳이다.

오모테산도 거리에 위치한 로열 카페가 곧 문을 닫는다고 한다. 애석한 일이다. 가게들을 다닌 뒤 결과물에 대해 토론을 하기에 이상적인 곳인데다 다른 손님들에게 폐를 끼치지 않고 찍은 사진을 늘어놓을 수 있었는데 말이다.

로열 카페의 재떨이 바깥쪽에는 작은 글씨로 '흡연으로 인해 코털이 자랄 수 있습니다'라는 경고문이 찍혀 있다.

관광버스 식 민족지학
일본, 도쿄, 다이칸야마

1월 14일 | 앞으로 몇 달간의 여행 일정을 보고 있노라니, 다양한 나라의 현장에서 상대적으로 짧은 시간을 보내면서 내가 배우고자 하는 것이 무엇인지에 대한 의문이 들었다. 어떤 문화에서 며칠간 머무르면서 연구를 한다는 것은 관광버스 식 민족지학이 될 위험을 내포한다. 버스에서 내려서 사진 몇 장을 찍은 뒤 고국에 있는 이들에게 얼마나 좋은 시간이었는지 이야기하면서 "우와, 우리 그 문화에 대해 정말 많이 배우지 않았어?"를 남발하는 식으로 말이다.

관건은 제한된 시간을 얼마나 의미 있는 일에 쓰느냐 하는 것이다. 그러기 위해서는 습관이나 방법이나 접근법을 완전히 바꾸어야겠다.

당신의 가치
일본, 도쿄, 시부야

1월 26일 | 이것은 게이오 선 시부야 역 출구에서 금요일 밤 도쿄에서 가장 붐비는 거리로 나가는 에스컬레이터에서 찍은 사진으로, 대부분의 도쿄 사람들에게 낯익은 광경이다. 에스컬레이터 아래에서는 다섯 단체에서 나온 11명이 공격적으로 무가지를 나눠주고 있다. 형광 녹색이나 새빨간 유니폼이 마음에 들어서 이 일을 하는 것처럼 보일지도 모르겠으나, 사실 그들이 여기에 있는 이유는 누군가가 이것을 사업 기회로 보고 돈을 주면서 잡지 배포를 시키기 때문이다. 물론 세계 어디를 가든지 대도시 중심부에는 이와 비슷한 풍경이 보인다. 왜 그럴까? 이런 공간에는 손님을 꾀기에 좋은 어떤 화학적 성질이라도 존재하는 것일까?

양자물리학을 공부하지 않아도, 물리적으로 어떤 공간에 위치한 사람이 동시에 다른 곳에 있을 수 없다는 것은 누구나 알고 있다. 잡상인들이 노리는 것은 바로 이 순간, 이 지점에 사람들이 몸소 와 있다는 그 희소가치다. 시부야 거리로 나서기 전에 사람들이 이 잡지를 받아 훑어보면서 적당히 내용을 소화한 다음에 그 속에 있는 정보를 이용할 가능성을 포착한 것이다. (이 시점에서 이것과 관련해 인간의 감각을 이용하는 마케팅에 대해서 쓰고 싶은 마음이 굴뚝같지만, 나중으로 미루겠다.)

가까운 미래에 자동화 내지는 반자동화된 로봇 같은 기계가 시내를 돌아다니면서 우리 대신 심부름을 하게 될 것이다. 그것의 첫 단계는 지

금도 흔히 사용하는 개인용 기기의 기능 확장이 될 것이다. 즉 당신의 차에 셀프 주차 기능이 있고 도시의 모든 주차장이 세세하게 지도에 저장되어 있다면 주차원이 더는 필요 없어질 것이다. 더구나 얼마 후에는 다양한 종류의 일을 기계가 맡기 시작할 것이고, 우리는 기계가 일을 전담하는 것을 점점 더 자연스럽게 느끼게 될 것이다. 이 에스컬레이터에서 보이는 풍경도 잡지 배포 로봇과 로봇 행인들로 대체되리라.

우리 대신 돌아다니면서 일을 봐주는 로봇이 생기면, 잡지 배포인 같은 잡상인들에게 이런 로봇은 어떤 가치가 있을까? 인간의 가치가 희소성에 있다면, 어떤 대체물이 인간을 대신하여 어떤 공간 내에 자리를 잡게 되는 날에 그 희소성이란 가치는 어떤 의미를 지닐까?
미래 잡상인들의 호객 대상은 어떻게 변할까?

근무지
일본, 도쿄

1월 29일 | 현장 작업을 하다 보면 사이사이에 고요의 순간이 있다. 그때가 하루의 최적 리듬을 맞출 기회다. 나는 일단 다이칸야마 수영장에서 1시간을 보낸 후 단골 카페로 가서 점심을 먹으면서 일을 한다.

도쿄에는 앉아서 글을 쓰기에 좋은 카페들이 많이 있지만, 그중 몇 군데는 정말 수준 높은 경험을 할 수 있다. 겨울이면 나는 D&Department라는 가게에 즐겨 간다. 이곳은 도쿄와 가와사키 시와 몇몇 다른 지방의 공식 경계선인 다마가와 강 근처 헌 사무실 빌딩에 있다. 오가는 교통이 좋지 않기 때문에 사람이 거의 없다. 그래도 차를 타면 한나절이 걸릴 곳이 자전거를 타면 30분밖에 걸리지 않는다.

위층 창고는 가정용품에서 가구에 이르기까지 현대적이면서도 일본 특유의 고전적 디자인의 물건들로 가득 차 있다. 이 중에는 새 것도 있고 중고품도 있지만 대부분 사람들로부터 잊힌 물건들이다. 이곳은 운치 있게 닳은 책상이나 긴 의자, 찬장처럼 학교나 가게 혹은 도서관 같은 곳에서 처분하는 물품들을 구해서 들여놓는다.

흔한 일은 아니지만, 타국 출신의 크리에이티브 직원을 그곳에 데려가는 경우가 있다. 그러면 그들은 가게에 들어가 주위를 돌아보면서 낮은 탄성을 지른다. D&Department는 가게의 환매 방침에 따라 자신들이 판매한 가구라면 아무리 오랜 세월이 흘러도 고객으로부터 다시 사들인다.

아래층에는 온라인 상점 배송팀이 있고 그 옆에 끝내주는 음식과 최고의 일본식 서비스를 제공하는 카페도 있다. 커피가 리필이 되고 휴대폰 사용이 금지된 그곳은 숙소로 돌아가기 전 작업을 하며 오후를 보내기에 완벽한 장소다.

유럽에 있는 동료들이 잠에서 깨어나 하루를 시작하는 초저녁이 되니 대량의 이메일과 전화가 빗발치기 시작한다.

비행기 갈아타기
핀란드, 오울루(Oulu)

2월 13일 | 오늘 오후의 사무실은 핀란드 오울루 공항 출국장이다. 나의 임시 책상이 있는 카페는 서서히 기다리는 여행자들로 붐비기 시작한다. 특히 큰 플라즈마 스크린 앞은 사람들로 빼곡하다. 동계 올림픽이 방송 중인데 해설자의 속도와 흐름이 주변 시청자들과 잘 맞아 떨어진다. 먼저 스노보드 경기, 그다음은 스키, 그다음은 컬링 경기가 나온다. 컬링을 보고 있자니 묘한 최면 효과가 느껴지면서 스트레스가 다 사라지는 것 같아서 고혈압의 치료법으로 이용해도 될 성 싶다. 플라스마 스크린 오른쪽에 있는 두 대의 두꺼운 TV 화면이 이착륙 전광판이기

때문에, 핀란드 동계 올림픽의 열혈 팬인 여행자들이 최소한의 눈 움직임만으로 경기 현황과 현재 비행 정보를 손쉽게 확인할 수 있다.

이 건물을 출국장이라고 부르는 것은 좀 과장이다. 공간도 협소한데다 입국장 역할을 비롯한 공항의 모든 기능이 이곳에서 이루어지기 때문이다. 핀란드 국내선은 대체로 기분 좋은 서비스를 제공하며 조용하고 평화로운 분위기다. 밖은 청명하지만 추운 눈 세상이다. 거의 모든 사람이 여기에 혼자 여행하러 온 듯하다.

어제 헬싱키에서 탄 오울루행 비행기는 자정이 되기 1분 전에 이륙했

다. 단지 2분 차이로 그 다음 날에 출발하는 비행기보다 더 많은 사람이 예약했을까 아니면 더 적은 사람이 예약했을까? 비행기나 버스, 열차를 예약할 때 출발 시각이 얼마나 중요한 요인이 될까? 여객운송 회사들은 이러한 요인을 감안해 출발 시각을 인위적으로 조작할까? 만약 그렇다면 어떤 방법을 사용할까? 사용자의 상황적 맥락에 따라서 시간표의 중요성은 어떻게 변할까?

시차증, 장기적 시차증, 만성적 시차증
영국, 런던

2월 14일 | 세상에는 세 가지 시차증이 있다. 첫 번째 종류인 일반적인 시차증은 여러분들이 이미 잘 알고 계시리라.

장기적 시차증(permalag)은 여행자가 시차를 극복하기도 전에 첫 목적지(이번 경우에는 헬싱키)를 떠나 시차가 나는 다음 장소(런던)로 여행할 때 생긴다. 장기적 시차증은 여러 목적지를 거치면서 지구를 도는 여행을 할 때 발생한다.

만성적 시차증(permaphuck)은 장기적 시차증이 특별히 심한 상태를 일컫는다. 여정 동안 살아남기 위해서 여행자가 모든 비필수적 활동을 중단하는 지속적 시차증 상태가 바로 그것이다. 한 60일 정도 끊임없이 다양한 시간대를 넘나드는 여행을 하면서 업무 회의에 대한 스트레스를 받다 보면 이 상태로 돌입하게 된다. 만성적 시차증의 증상으로는 피로, 극단적인 반사회적 행동, 잠에서 깨서 자신이 어느 대륙에 있는지조차 모르는 현상 등이 있다.

여행자들은 자동 조정 장치나 반복 숙련된 행동을 이용하면 만성적 시차병을 극복하는 데 도움이 된다고들 한다.

어떤 여행자들은 만성적 시차증은 영혼이 신체적 자아를 따라잡으려는 노력의 결과라고 믿는다.

셋 중 하나
영국, 브라이튼

2월 15일 | 세 도시에 대한 비교 연구를 시작하기 위해 2주 동안 영국에 머물게 되었다. 나중에 리서치팀은 중국과 브라질로 가게 된다. 기업마다 나름의 숙박 시설 목록이 있는데, 시간이 빠듯한 직원들을 위해 회사에서 허락한 예산 내로 일정 수준의 편의 및 서비스가 보장되는 장소들을 올려놓는다. 펠리로코 호텔은 그 목록에 들어가지 않는다는 사실을 잘 알고 있다. 물론 목록에 들어가서는 안 될 곳이기도 하다만.

리서치팀은 출장을 가는 일반 회사원들과는 주문 사항이 다르다. 현지인들에게 더 가까이 다가가는 것이 여행의 목적이니만큼 민박, 게스트하우스, 작은 여관 같은 곳을 예약하는 게 더 낫다. 이런 장소에서는 상업적 각본에 따라 손님을 응대하고 서비스를 제공하는 일이 드물고, 또 우리가 쓴 돈이 지역 경제에 더 도움을 줄 수 있기 때문이다. 나는 영국의 메릴린 먼로라고 불린 다이애나 도어스(Diana Dors) 스위트룸에 묵고 있다.

2주 동안 여기에서 팀원들과 함께 도시 공간의 미래를 구상하고 예측하는 작업을 한 뒤 다음 목적지로 날아갈 것이다.

모니터기, 모니터링
일본, 도쿄, 아카사카 미쓰케

3월 6일 | 오늘 오후의 사무실로 사용하고 있는 곳은 병원 대기실이다. 30분 동안 모로 누워서 초음파 검사를 받고 방금 나왔다. 어제도 나는 여기에 있었다. 그 사이 24시간 동안 심장 모니터기 여러 대와 심장 관련 활동을 기록하는 활동 모니터기 한 대를 가슴에 주렁주렁 달고 돌아다니는 즐거움을 맛보았다. 지금은 모니터기를 다 제거하고 스캔도 다 찍은 상태다. 이제 45분만 때우면 의사가 검사 결과를 설명해줄 것이다.

대기실은 방금 도착해서 내 오른쪽에 앉은 여 회사원을 제외하면 텅 비었다. 그녀는 나와 눈이 마주치는 일 없이 내 머리 위를 뚫어져라 쳐다보고 있다. 그렇다면 이 여성이 사팔뜨기든지 혹은 내 머리 위에서 무슨 일이 일어나는 것이 틀림없다. 물어볼 틈도 없이 그

녀의 이름이 호출되고 그녀는 자리를 뜬다.

　내 왼쪽 편 간유리 너머 어딘가에서 접수원이 너무나도 친절하게 전화 응대를 하는 동시에 들어오는 손님들을 필요한 진료과로 안내하는 소리가 들린다. 천정에 붙어 있는 스피커에서 어쿠스틱 기타 소리가 간간이 섞인 피아노 음악이 흘러나온다. 내 발치에 있는 잡지꽂이에는 시시한 잡지들이 꽂혀 있고 방의 분위기는 편안하고 조용하다. 이 모든 것들이 의도적으로 디자인된 것이 아닐까 의심해본다. 환자가 검사를 받기 위해 기다리거나 검사 결과를 듣기 위해 기다리는 동안 차분하고 평온한 마음을 유지하는 데 도움이 될 만한 작은 소품들이 여기저기 눈에 띈다. 이렇게 아늑한 장소에 있는 틈을 타서 이메일을 보내고 글을 좀 써야겠다.

　보통 자료를 수집하고 질문을 하는 일이 내 직업이라서 그런지, 반대 역할을 하는 것이 어색하게 느껴진다. 의사는 젊고 환자를 대하는 매너가 좋은데다 나이에 걸맞지 않게 경험도 많다. 초음파기 끝에 뜨듯한 젤을 바른다. 누운 자세가 환자의 심장을 읽기에 제일 좋고 또한 대화를 최소화할 수 있는 것 같다. 온몸에 피가 밀려가는 소리가 들린다. 나는 의사가 한 손으로 복잡한 제어판을 조작하면서 같은 데이터를 이리저리 돌려보는 모습을 어깨너머로 구경하고 있다. 비전문가의 눈에는 이 모든 것이 상당히 복잡해 보인다. 의사가 찾고 있는 것은 무엇이며, 그것을 찾고 나면 어떤 방식으로 나와 소통할까?

목적지에 도착하기

인도, 델리

3월 26일 | 밤 나들이를 하기에 아름답지 않은 도시란 없는 것 같다. 차창을 내리고 운전사와 몸짓으로 이야기를 나누노라면 비행기에서 몇 시간 동안 쌓인 피로가 밤 공기에 날아가버린다.

　인도 델리 공항에서부터 우리가 머물고 작업할 장소에 도착하여 숙면을 취하기까지 1시간이 채 걸리지 않았다.

팝업 작업실
인도, 델리, 벵골 시장

3월 29일 | 앞으로 2주 동안 내 사무실은 뉴델리 중심가인 코노트 플레이스(Connaught Place)에서 가까운 연립주택 게스트하우스다. 이 집은 원래 영국인 부부가 전세를 얻었는데 지금은 델리 근처 유기농 농장에서 대부분을 보내기 때문에 현재 그곳을 점유하고 있는 사람은 우리 팀원 다섯 명에 네팔인 가정부 아줌마와 식구들이다. 다들 우리를 반갑게 맞아주었고, 집 분위기는 편안하면서도 마마이트 잼이나 오후에 차 마시는 습관처럼 세심한 부분까지 매우 영국적이다.

내가 이 글을 쓰고 있는 현재 시각은 새벽 5시. 집 앞마당에 있는 나무의 무성한 잎사귀를 지나 넓은 방충망을 뚫고 첫 햇살이 빼꼼히 비춘다. 내가 가지고 있는 세계표준시각대 앱에는 크라스노야르스크(Krasnoyarsk, 시베리아 중앙에 위치한 러시아 크라스노야르스크 지방의 주도-옮긴이) 근처 어디쯤이라고 나온다. 하지만 나의 생체시계는 도쿄와 뉴델리 중간 즈음을 가리키고 있다. 신선한 아침 공기가 새들의 지저귐과 함께 집 안으로 날아든다. 멀리서 올드델리 역을 향해 움직이는 열차의 소리가 심심찮게 들려온다.

자, 이제 이곳에서 무엇을 해야 할까? 계획에서 확정된 부분은 심성모형(mental model)을 더 잘 이해하기 위하여 포커스 그룹 몇 개를 운영하는 일이다. 대부분 이런 연구들이 그러하듯이, 주변부에서 일어나는 맥락적 작업(contextual work) 역시 풍부한 데이터를 만들어낼 것으로 예상

한다. 이는 콘셉트(concept)가 사용될 맥락을 관찰하고 기록하는 일이나 맥락적 인터뷰를 진행하는 일, 혹은 의례 절차나 맞춤 제작, 수리 문화 같은 주제를 연구하는 일뿐만 아니라 먼지나 흙이 많은 환경을 극복한다든지, 인도식 의사소통 맥락이 가지는 특이성과 보편성을 전반적으로 이해하려는 일 등을 모두 포함한다.

게스트하우스는 이런 종류의 연구를 하는 데 안성맞춤이다. 넓고 공기가 잘 통하는 거실은 우리 팀원들과 현지 조력인 다섯 명이 넉넉히 들어가고도 남는다(그리고 한쪽 구석에 요를 깔면 그것이 바로 내 침대가 된다). 하이데라바드(Hyderabad, 인도 데칸 고원 가운데에 있는 도시로 안드라프라데시 주의 주도-옮긴이)에서 온 연구원은 미션 관제 센터로도 쓰이는 안방에 잠들어 있다. 그곳에 모바일 오피스를 풀어놓았고, 안방 벽은 데이터, 프로젝트 일정, 사진, 새로운 디자인 스케치 등으로 점점 도배되고 있는 상태다. 그다음 복도 쪽으로 쭉 걸어가면 헬싱키에 사는 캐나다인 콘셉트 디자이너와 중국에서 온 중국인 동료가 자는 모습이 보인다. 마지막으로 헬싱키에서 공부하는 인도인 팀원이 이 단층 건물의 다락방에서 지낸다. 온갖 편의시설을 갖춘 일반 호텔과 비좁은 공간에서 타인과 함께 생

활해야 하는 이 게스트하우스 중에 선택하라면 나는 언제라도 주저하지 않고 이곳을 택할 것이다. 팀 전원을 한 공간에 모아두면 장점이 많다. 우리가 현지에 머무는 동안 리서치 주제를 통해 숨 쉬고, 먹고, 꿈꾸는 결과를 얻게 된다(게다가 가정부 아줌마가 함께 있으니 생활이 용이하다).

이러한 방법을 써서 공식적, 비공식적 상호작용을 자연스럽게 유도하는 공간에서 지내면 데이터를 처리하는 팀의 능력이 대단히 향상된다. 침실 겸용 작업실과 생각하기 좋은 정원이 붙은 거실은 팀원 간의 상호작용에 더할 나위 없이 좋다.

6시 30분. 신문배달원이 방금 신문을 던지고 가니 집 안이 깨어나기 시작한다.

내부 근무
인도, 사우스델리

4월 3일 | 팝업 작업실을 설치해놓은 덕분에 오늘 오후의 사무실 위치는 외부가 아닌 내부가 되겠다. 다른 팀원들이 포커스 그룹을 관찰하는 동안, 나는 사우스델리에 있는 어떤 노점의 가장자리에 앉아 뜨겁고 달콤한 차이를 홀짝거리고 있다. 선반 위 높은 곳에 중심을 잡고 있는 흑백 TV에서는 힌두어로 된 〈해리 포터〉 영화가 시끄럽게 흘러나온다. 내 왼편에서 노점 주인이 주전자를 불에서 내려 차이를 여섯 개의 잔에 나누어 따른다. 내 손에 들고 있는 것도 그중 하나다. 대부분 아이들로 이루어진 손님들이 두 줄로 서서 TV 화면을 뚫어져라 쳐다보고 있다. 꼬마 손님들은 차이에 관심이 없다.

차이 맛은 꽤 괜찮지만, 솔직히 말하자면 갈증이 나거나 뭔가를 마시

고 싶어서 마시는 것은 아니다. 차이뿐만 아니라 오늘 구매한 여러 가지 다른 물건도 마찬가지다. 이발을 하고 싶지도 않았고 면도를 할 필요도 없었으며 액자, 스티커, 사용설명서, 펜 등등 이 동네 시장의 여러 노점에서 사 모은 엄청난 양의 물건도 다 필요나 욕구 때문에 구입한 것이 아니다. 그러나 이러한 상품들이 지니는 공통점은 사회적 상호작용의 속도를 늦추어 즉석 인터뷰까지도 할 수 있게 해준다는 것이다.

 손님이 된다는 것은 돈거래 상대가 된다는 의미지만, 사회적 상호작용 측면에서 보면 낯선 사람이라는 신분에서 크게 도약하여 상대에게 다가가는 방법이다.

포커스가 충분히 덜 맞춰진 그룹
인도, 사우스델리

4월 5일 | 나는 포커스 그룹을 리서치하는 방식을 그다지 좋아하지 않는다. 다른 방법에 비해서 상당히 얌전한 결과를 내는 경향이 있기 때문이다. 그래도 우리는 어차피 나중에 몰입식 연구(immersive research)와 교차 참조(cross-referencing)를 할 것이다. 오늘의 리서치는 간단한 기술 장비를

이용하여 사우스델리 숙소에서 진행된다. 다른 사람의 침실인 임시 관찰실에는 녹화 카메라와 TV가 전선으로 연결되어 있는데 의자가 없어서 관찰팀은 커다란 더블베드 가장자리에 옹기종기 모여 앉았다. 장비 설치가 놀라울 정도로 성공적이다. 피실험자들이 주변 환경을 편안하

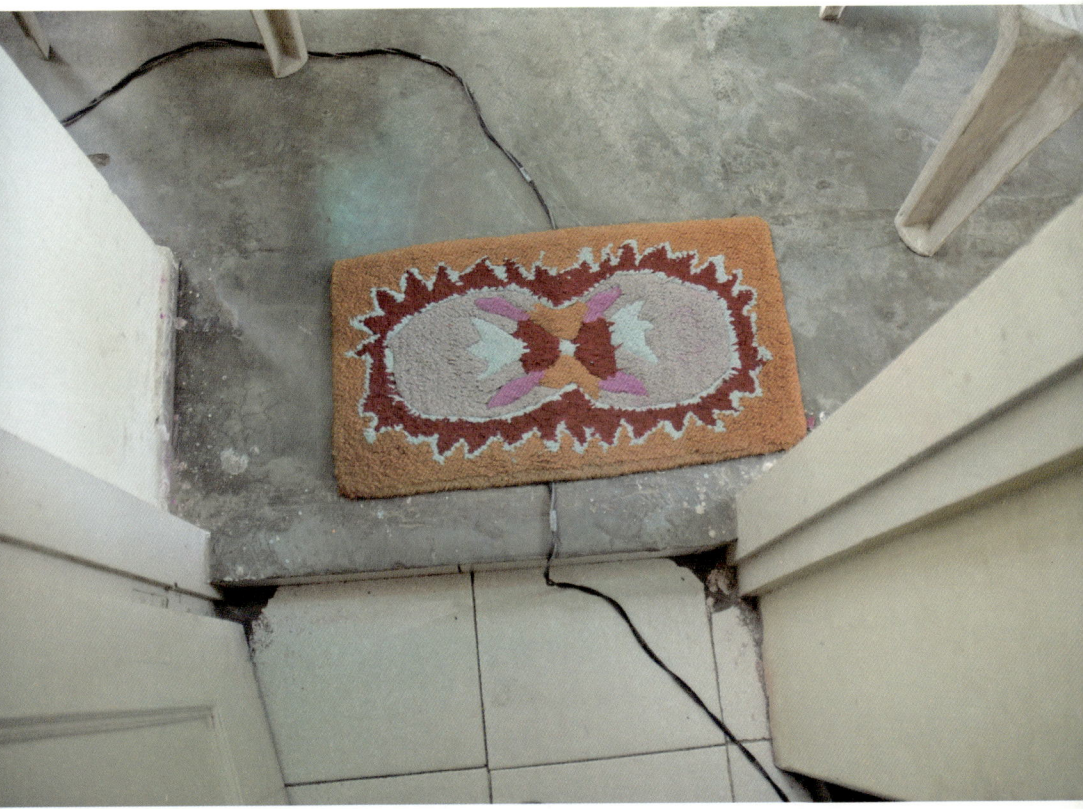

게 느껴서인지 지나치지 않게 적당히 포커스가 맞춰진 상태에서 관찰이 잘 진행되고 있다.

  언제 닥칠지 모를 정전에 대비하여 집 안 한구석에 비상용 배터리를 비치했다. 만약 전기가 잠시라도 나가면 관찰실에 있는 TV는 꺼지게 되고, 창문이 없는 관찰팀의 방은 칠흑 같은 어둠 속에 놓이게 된다고 주인이 알려줬다.

  일한다는 명목으로 오랜만에 몇 시간 동안 침대에서 빈둥거리면서 차를 홀짝이고 TV 속(에 나오는 피실험자들)을 들여다보는 여유를 누리게 되었다.

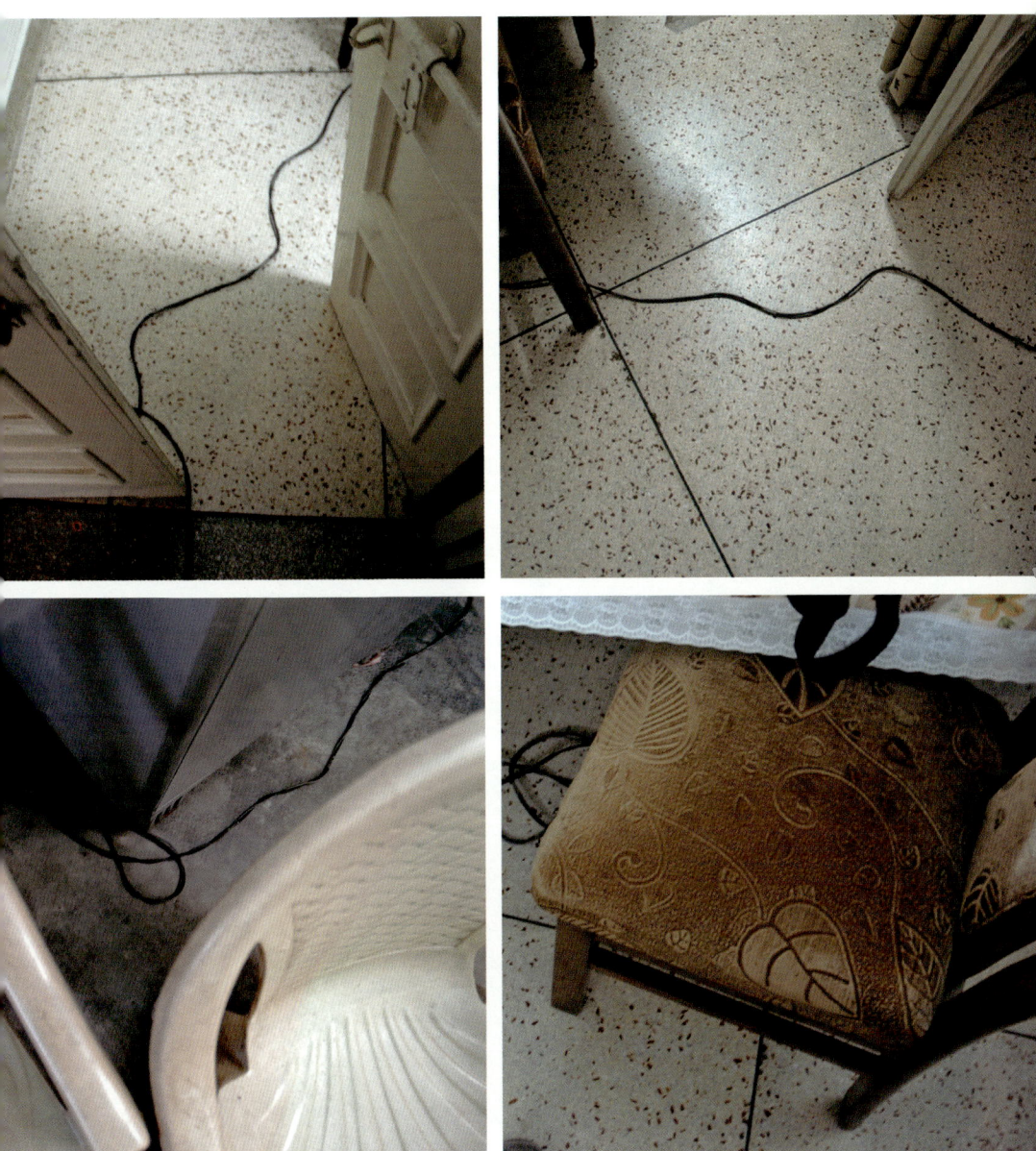

조율하는 시간
하와이

4월 11일 | 델리 조사 보고서를 쓰고 있다.

깊은 생각을 하며 보내는 일주일이다.

보이는 것의 실체
하와이

4월 26일 | 마우나케아(Mauna Kea) 산 꼭대기에 있는 천체망원경이 효율적으로 작동하려면 하와이 주민들의 협조가 있어야 한다. 주황색 나트륨 가로등을 사용하면 망원경 사용 시, 우리의 편견이 그러하듯이 거리의 불빛을 걸러낼 수 있다. 그래서 그 결과 청명한 밤하늘을 관찰할 수 있게 된다.

나는 지금 올해 후반기에 진행할 성차별이 심한 문화에 대한 현장 연구를 준비하고 있는데, 거리에서 즉석 자료 수집이 가능할지, 가능하다면 어떻게 접근해야 할지 고민 중이다.

현장에서 즉석 자료 수집을 하면서 무언가를 보게 될 때 우리 눈에 보이는 것은 과연 실체일까? 우리가 그 자리에 있다는 사실 자체가 자료 수집을 하는 맥락적 상황에 얼마나 영향을 미칠까? 우리의 존재가 끼치는 긍정적 편견과 부정적 편견을 생각해볼 때, 그 편견의 효과를 줄이는 방법은 무엇일까?

대중을 위한 음악
중국, 구랑위(鼓浪屿) 섬

5월 13일 ｜ 이번 주의 사무실은 1930년대에 지어서 비바람에 풍화된 낡은 게스트하우스로, 중국 남부 해안의 구랑위 섬에 위치한다. 중국 전통 배인 정크(junk)를 타고 남서쪽으로 항해하면 곧 홍콩에 도착한다. 타이완은 문자 그대로 해협만 건너면 나오는 거리에 있고 대부분의 현장 조사가 이루어지고 있는 샤먼(중국 남동해안에 위치한 항구도시-옮긴이)은 나룻배를 타고 5분만 가면 된다. 게스트하우스에서 구랑위 섬을 이리저리 이어주는 미로 같은 뒷골목을 통과하여 10분만 걸으면 나룻배를 정박하는 부두가 나온다. 섬은 전반적으로 식민지시대의 화려함이 수년간 바닷바람에 절은 듯한 분위기를 풍긴다. 군데군데 보이는 별장이나 대저택들도 대규모 보수 공사가 필요한 것 같다. 75년 전 이곳은 외국인 거주 지역이었으니 우리의 팝업 작업실을 적소에 제대로 차린 셈이다.

우리가 묵는 게스트하우스는 3층으로 되어 있는데, 리서치 팀원인 장정 다섯 명과 두 명의 상주 투숙객, 중국인 가정부 한 명이 지내기에 충분할 정도로 넓다. 나는 꼭대기 층에 있는 두 개의 침실 중 하나에 자리를 잡고 모기장이 쳐진 중국식 더블베드 위에서 이 글을 쓰기 위해 자판을 두드리고 있다.

이 방은 집 안 다른 곳과 마찬가지로 바닥에 타일을 깔고 주로 어두운 원목을 썼으며 붉은색이 많이 들어간 이불이나 커튼, 포스터가 방을 뒤덮고 있다. 내 방문을 나서면 널찍한 발코니가 있는데 커다란 학교

하나와 인근 별장들, 그리고 멀리 바다 건너 샤먼 시가지가 보인다.

지난주에 시작될 거라던 장마는 이곳을 건너뛰고 간 모양이다. 도쿄에는 이번 주에 상당히 많은 비가 오고 있다고 한다. 새벽 5시에 일어났는데도 나보다 먼저 일어난 사람들이 있나 보다. 시차가 많이 나는 곳에서 온 동료들의 생체리듬이 아직 제자리를 찾지 못한 듯하다.

아침 8시 반이 되면 인근 학교에서 짧은 음악으로 된 종을 울리며 학생들에게 아침 체조가 곧 시작될 것을 알린다. 그러면 학생들은 운동장에 줄지어 서서 음악에 맞춰 다리 털기, 팔 돌리기, 몸통 틀기 같은 중국식 국민체조를 하기 시작한다. 그리고 녹음된 피아노 연주곡 한 소절을 틀어서 학교의 하루 일정을 신호한다(아니면 근처에 있다는 그 유명한 피아노 박물관에서 나는 소리일지도 모르겠다). 빈도나 그 기능 때문인지 이 종소리를 들으니 일본에 있는 우리 집이 생각난다. 도쿄 아파트 근처 공장에서 오후 5시면 울리던 종소리나 다이칸야마의 킥복싱 도장에서 3분 운동, 1분 휴식 간격으로 운동을 한 기억이 떠오르니 말이다.

이제 그만 써야겠다. 오후 작업에 들어가기 전에 눈을 좀 붙여야겠다.

폭풍이 지나가기를 기다리며
중국, 구랑위 섬

5월 17일 ㅣ 사람들에게 우리가 하는 리서치를 이해시키는 데 있어서 이야기는 어떤 역할을 할까? 단지 결과물을 설명하는 것이 아니라, 방법론이라든지 자료 뒤에 숨어 있는 사람들과 그들의 이야기에 대한 관심을 불러일으키려면 말이다.

오늘 우리 팀은 블라인드와 방충망과 깨진 유리를 뚫고 들어온 빗줄기를 닦으면서 태풍을 견뎌내고 있다. 그러나 오늘 밤 우리의 이야기는 어떻게 결말이 날지 예측할 수가 없다. 아직도 이야기는 진행 중이다. 촬영 장비에 방수처리를 하고 밖으로 나갈 시간이다.

이 사진은 바람이 거센 게스트하우스 지붕 위에서 찍은 것으로 카메라 플래시 덕분에 하늘로 빨려 올라가는 빗방울을 포착할 수 있었다.

홀리데이 로맨스
중국, 샤먼

5월 18일 | 현장 조사가 끝나서 팀원들은 각자 다른 곳으로 떠났다. 다음 연구가 시작되기 전까지는 며칠간의 휴식기가 있다. 적어도 나에게는 활기찬 푸젠성(福建省)의 시골을 탐험할 좋은 기회다.

하나의 심층 현장 연구의 맥락에서 새로운 맥락으로 뛰어드는 일은 일련의 초현실적 경험같이 느껴진다. 팀원 중 누군가가 말했다. 이것은 마치 로맨스도 없고 휴가도 없는 홀리데이 로맨스 같다고. 그야말로 촌철살인이 아닐 수 없다. 독특하고 대체로 긍정적인 경험이지만 영원할 수 없다는 것을 우리는 알고 있다.

우리는 공동의 목적을 위해 함께 모여서, 낯선 곳에 도착한 후 머리를 맞대고 작업을 한다. 이 일을 위해 우리는 맞부딪치고, 탐험하고, 겪은 일을 기록한 뒤, 식당에서 밥을 먹고, 동네를 산책하고, 베란다에서 저녁 술잔을 기울이며 분석하고 토론한다. 우리는 일상의 소소한 부분을 기록하는 것을 즐기는 반면, 많은 면에서 우리 자신의 일상을 대면하지 않아도 된다. 침대는 우리가 없는 사이 저절로 정리되고, 빨랫감은 사라졌다가 비누냄새를 풍기며 다림질되어 나타나는가 하면, 식탁에 앉으면 음식이 저절로 나오며 손끝 하나 움직이지 않아도 상이 저절로 치워진다. 이렇게 일상적인 일들이 삭제된 우리의 삶이 피실험자의 삶을 이해하는 데 도움이 될까, 걸림돌이 될까?

안뜰
중국, 푸젠성, 후켕

5월 21일 | 오늘은 아무 데서도 사무실을 열지 않는 날이다. 일요일인데다 다음 주 중순이나 되어야 도쿄로 돌아가니까 말이다.

그러나 이 일에 종사하는 사람들의 세계에서는 글을 쓸 만한 정신적·물리적 여유가 있다면 기록을 하는 것이 옳다. 거기에 대해 불만은 없다. 경험주의적인 일을 할 때 일과 삶의 균형이라는 논쟁은 그다지 의미가 없다. 그리고 원하면 언제나 사방에 보이는 산으로 하이킹을 갈 수

도 있으니까.

  고도는 별로 재미있는 글 소재가 아니지만, 적어도 오늘은 푸젠 지방의 외딴 산촌까지 올라왔다는 것을 기록하고 싶다. 지난 이틀 밤 동안 내가 묵은 숙소는 국립공원 내에 자리 잡고 있는 100년도 넘은 토루(tolou) 건물 안이다. 여기까지 오는 동안 별로 특기할 만한 일은 없었다. 구랑위 섬에서 산업단지를 거쳐 논을 지나 마침내 구불구불한 산길을

따라 여기에 도달했다.

  나는 지금 수목으로 가득한 안뜰에 놓인 고리버들 의자에 앉아 있다. 종업원이 아침 식사로 찐빵과 땅콩을 막 내왔다. 앞으로 1시간 정도 후에 아침을 먹기 시작할 것 같다. 커피는 네스카페라고 찍힌 작은 봉지에 들어 있는데, 아무래도 커피라는 음료에 대해 정의를 다시 내려야 할 것 같다. 이 커피믹스로 탈 수 있는 커피의 양은 병아리 눈물 정도다. 이 '커피'를 제외하고 나머지 메뉴는 시간을 들여 제대로 만든 음식이다. 제철 산나물, 향초, 이 지역에서 기른 고기(방금도 한 무리의 오리 떼가 돌아다니다가 나갔다)에 직접 잡은 야생토끼 같은 것들이다. 이 근처의 국립공원은 테마 공원과 가정집이 혼합되어 있는데 이 숙소는 후자에 가깝다.

  100위안(1만 2,000원 정도)을 내면 딱딱한 침대, 모기 쫓는 약, 자물쇠가 달린 방문이 제공된다. 밤중에 사용할 요강도 주는데, 쪼그려 앉는 번듯한 변기들이 설치된 곳이 있지만 두꺼운 장벽 바깥에 있고, 밤에는 그 사이의 대문마저 잠그기 때문이다.

  안뜰은 지역사회 구성원 간의 상호작용을 장려하도록 디자인되었다. 이 건물에 사는 일곱 가구 중 한 집을 방문하기 위해 지나가던 사람들이 안뜰에 멈춰 서서 대화를 나누기도 하고 가끔 차를 마실 때도 있다. 지역 상인들도 드나들곤 하는데 그중 한 사람이 통밀 머핀 같은 것을 권한다. 알고 보니 모양만 조금 다른 찐빵이었다. 플라스틱 슬리퍼를 신고 인민복을 입은 노인이 여송연(呂宋煙)처럼 보이는 것을 들고 발을 질질 끌며 지나간다. 담배를 재배하는 곳이 근처에 있으니 이것도 집에서 만든 것일지도 모른다. 확실히 손으로 말아놓은 제품이다. 주인집 딸은 중국 가라오케 음악을 연습하는 틈틈이 잔심부름을 하고 나에게 신선한 과일을 갖다 준다. 소녀는 혀가 그려진 롤링스톤스 티셔츠를 입고 다리를 절며 걷는다. 바지 끝자락을 통해 요오드 얼룩이 묻은 다리 상처가 살짝 들여다보인다. 알고 보니 오토바이 사고였다고 한다. 교통 상황은 비교적 괜찮지만, 이 지역의 도로에는 낙석이나 산사태가 쉽게 일어나기 때문에 장마철에는 조심해야 한다.

    비가 오면 살아있는 생명은 모두 안뜰의 가장자리로 몰려간다. 생각하는 공간이 바로 사무실인 나에게 이 장소는 최상의 사무실이나 마찬가지다.

다시 시작하기
중국, 푸젠 지방

5월 22일 | 오늘은 인근 마을에 있는 뒷골목 이발사가 면도를 해주었다. 운전사 양반(사진 속 바구니 헬멧을 쓴 신사)이 아니었더라면 나 혼자 이곳에 찾아올 생각은 못했으리라. 면도하러 가고 싶다는 내 몸짓을 정확하게 해석해낸 사람이다. 운전사는 내내 이발소 의자에 앉아서 긴장한 사람처럼 줄담배를 피워댔다. 우리는 이미 가격 흥정을 끝냈고 기다리는 시간까지 다 계산해서 돈을 지불하기로 했으니 긴장해야 할 사람은 그가 아니라 나인데 말이다.

   이발소는 뒤편에서 사진관 영업도 겸하고 있다 보니, 스티커 사진기가 문 앞에 설치되어 있다. 면도 후 뒤쪽으로 들어가 사진관에서 사진을 찍었다. 내 사진을 찍은 것은 아니고 장비를 빌려 운전사와 가게 주인과 그의 가족들을 찍었다. 고를 수 있는 배경은 판타지 세계의 장면들로, 아름다운 풍경이나 일상탈출을 주제로 하는 것이 뉴올리언스부터 뭄바이까지 세계 어떤 도시의 사진관들과도 비슷한 스타일이다. 혹 스타일이 조금 다르다고 해도 의도는 대충 비슷하다.

   고화질로 프린트하는 데 20위안(3,000원 정도)이 든다. 주인의 자리까지 넘어가서 사진을 찍었으니 나도 몇 장을 주문했다. 사진사는 3년 묵은 초보자용 소니 카메라를 사용하는데, 얼마 후면 대부분의 신형 휴대폰 카메라의 성능이 이것보다 훨씬 더 좋아질 것이다. 입맛 까다로운 우리는 '제대로 된' 카메라로 '제대로 된' 사진을 찍느니 어쨌느니 하지만, 세계 대부분의 사람은 완벽을 요구하지 않는다. 그저 사진이 괜찮게 나오면 그것으로 족하다.

너무 많은 질문을 하지 말 것
일본, 도쿄, 긴자

5월 26일 | 수술실에 흘러나오는 음악은 잔잔한 클래식이다. 하지만 내 취향에는 맞지 않는다. 긍정적 대답이 돌아올 것 같지는 않지만 그래도 한번 물어본다. 담당 의사는 U2나 오아시스는 있지만 다행히 J-pop은 없단다. 수술받을 때 들을 음악을 따로 챙겨왔어야 했나 싶다. 나의 질문에 두 의사와 두 간호사는 나지막하게 만세를 부른다. 그들도 같은 음악을 반복해서 들어야 하니 무척 지겨웠을 것이다.

사람마다 원하는 음악을 개인적으로 듣게 해주는 것은 어떨까? 환자가 수술대에 누워 모차르트를 듣는 동안, 의료진은 각자의 입맛에 따라 에이펙스 트윈을 듣거나 스티븐 킹 소설 오디오북을 듣는다면? 그런데 스티븐 킹 소설은 왠지 좀 꺼림칙하다. 지금은 위험 요소와 그 결과에 대해 생각해보기에 적절한 때가 아닌 것 같다.

시술 90분 동안 간호사들은 자동문을 계속 드나든다. 같은 병동에 수술실이 세 군데가 더 있는데 그들은 여기서 매일 하루에 16번씩 수술을 한다. 그중 한 수술실이 복도 건너편에 있다. 두 수술실 문이 동시에 열린 순간, 반대쪽에 머리가 없는 사람의 몸이 눕혀 있는 것이 보인다. 계획대로 일이 풀리지 않은 것 같다. 아참, 이 부분은 설명하고 넘어가야겠다. 머리가 보이지 않는 이유는 문의 위치 때문에 몸 전체가 보이지 않기 때문이다. 몸에 아무런 움직임도 보이지 않는다. 꼼짝 않고 있기는 나도 마찬가지지만 그래도 계획대로 일이 풀리지 않은 것 같아 보이

기는 마찬가지다.

이곳에는 재미있는 관습이나 희한한 기구들이 많다. 피를 멈추게 하는 기구가 있는데(양극 분침처럼 생겼다) 사용할 때마다 웅웅거리는 소리가 난다. 하지만 보노의 보컬 부분에 색소폰 소리가 겹쳐지면 웅웅거리는 소리가 잘 들리지 않는다. 전기를 당겨올 필요가 있다는 말은 길게 이어진 전선이 어디에 걸릴 수 있다는 이야기다. 하지만 누군가가 전선을 조심스럽게 손가락에 말아서 집게에 꽂아놓았다.

수술팀은 나에게 계속 말을 건다. 아마 내가 잘 있는지 확인하려는 방법인 것 같다. 돈 노먼(Don Norman)의 책에 나오는 한 장면이 생각난다. 비행기가 추락하는 중에 기장과 부기장은 계속 대화를 나눈다. 대답을 들음으로써 상대가 의식을 잃지 않은 상태라는 것을 확인하는 것이다. 이런 종류의 대화에서 무엇에 대해 이야기하는지는 중요치

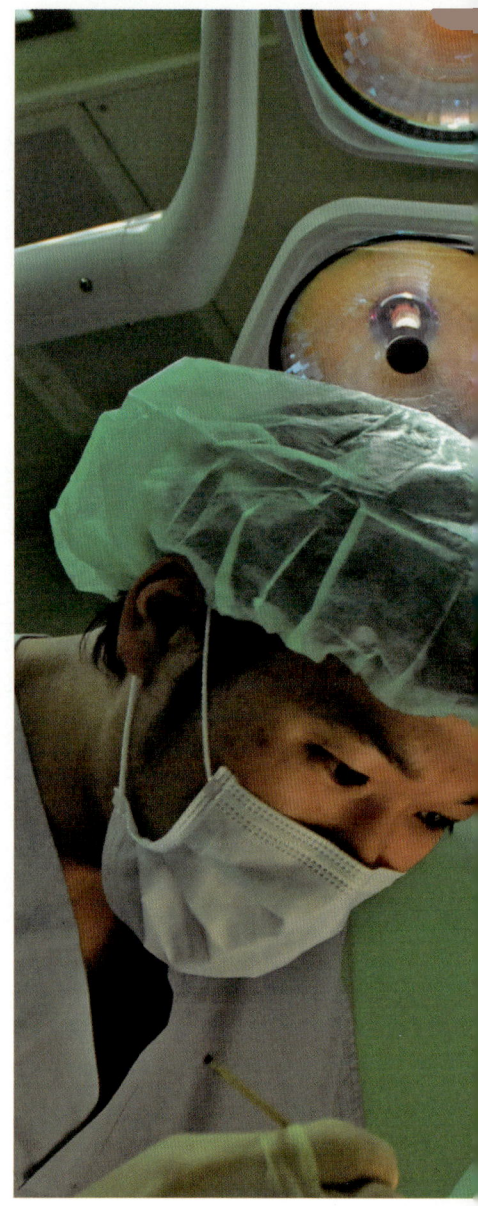

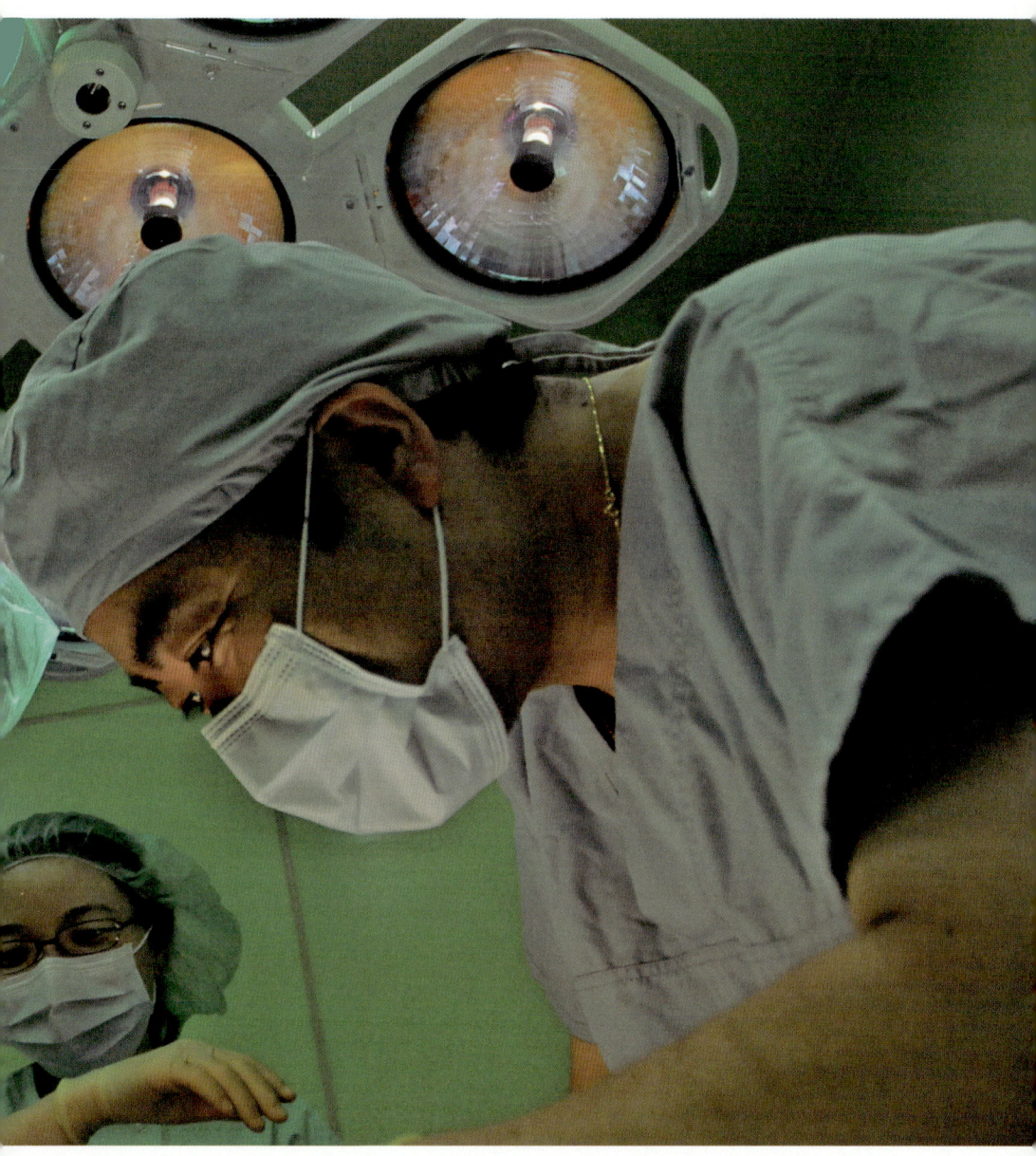

않다. 수술실 내의 대화 주제도 볼보자동차, 아이스하키, 무민(Moomins, 핀란드의 작가 토베 얀손(Tove Jansson)의 여러 책과 만화에 나오는 캐릭터-옮긴이)까지 다양하다. 일본 사람들이 핀란드에 관해 이야기를 할 때면 대화는 늘 무민으로 흘러간다.

 의사가 내 몸을 칼로 여는 모습을 보자니 묘한 아름다움이 느껴진다. 수술용 메스가 몇 번 부드럽게 움직이면 먼저 피부 바로 아래에 있는 것이 보이고, 그다음 밑에 있는 것들을 지나서 더 안쪽으로 들어가면 의사들이 찾는 것이 드디어 모습을 나타낸다. 질문은 많은데 수술

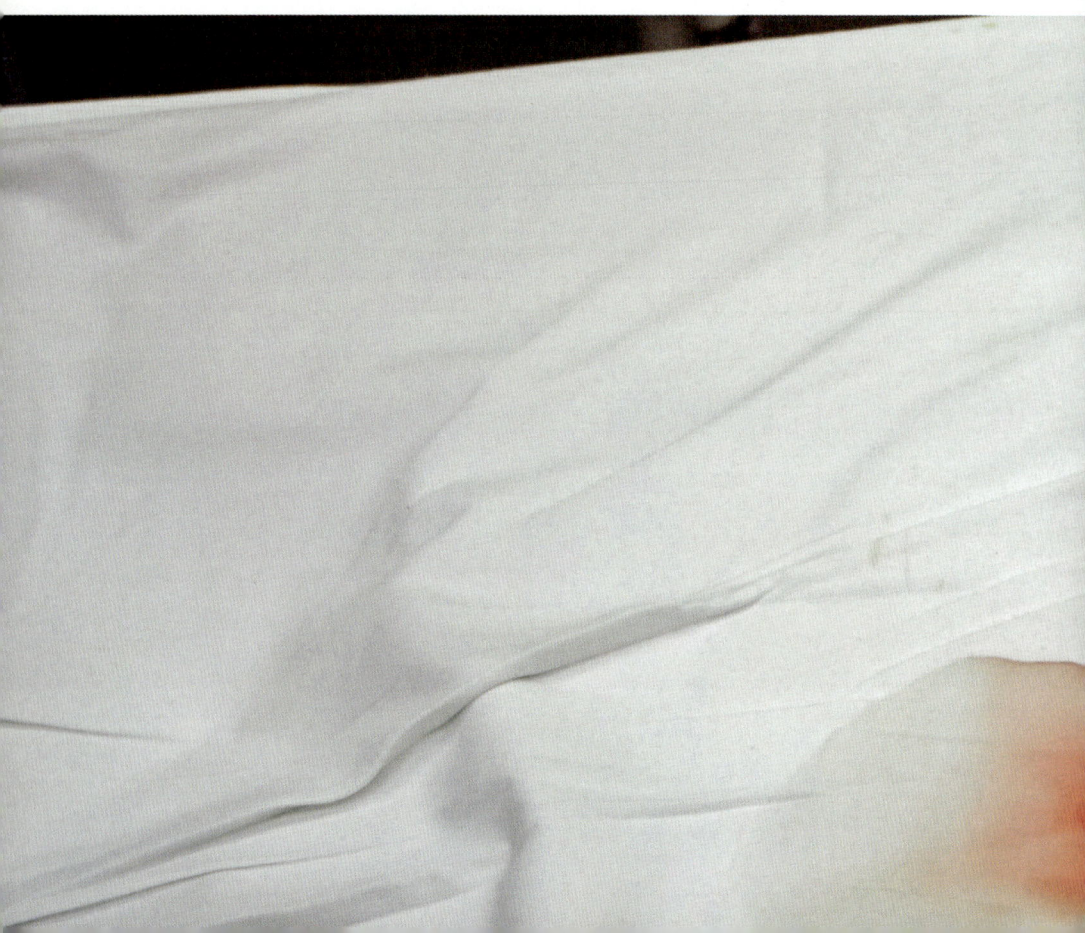

을 방해하고 싶지 않아서 머뭇거리고 있다. 내 등에 있던 것이 무엇인지 보이지는 않지만 마치 누가 치즈를 자르는 것처럼 느껴진다. 하지만 내 앞에서는 상냥한 모습을 보인다. 그 덕분인지 아픈 줄도 모르겠다.

　병원은 긴자 근처에 있어서 차를 타고 집으로 가는 데 1시간이 걸린다. 이제 한 3시간 정도 뒤면 국부 마취가 깨고 통증이 찾아오리라.

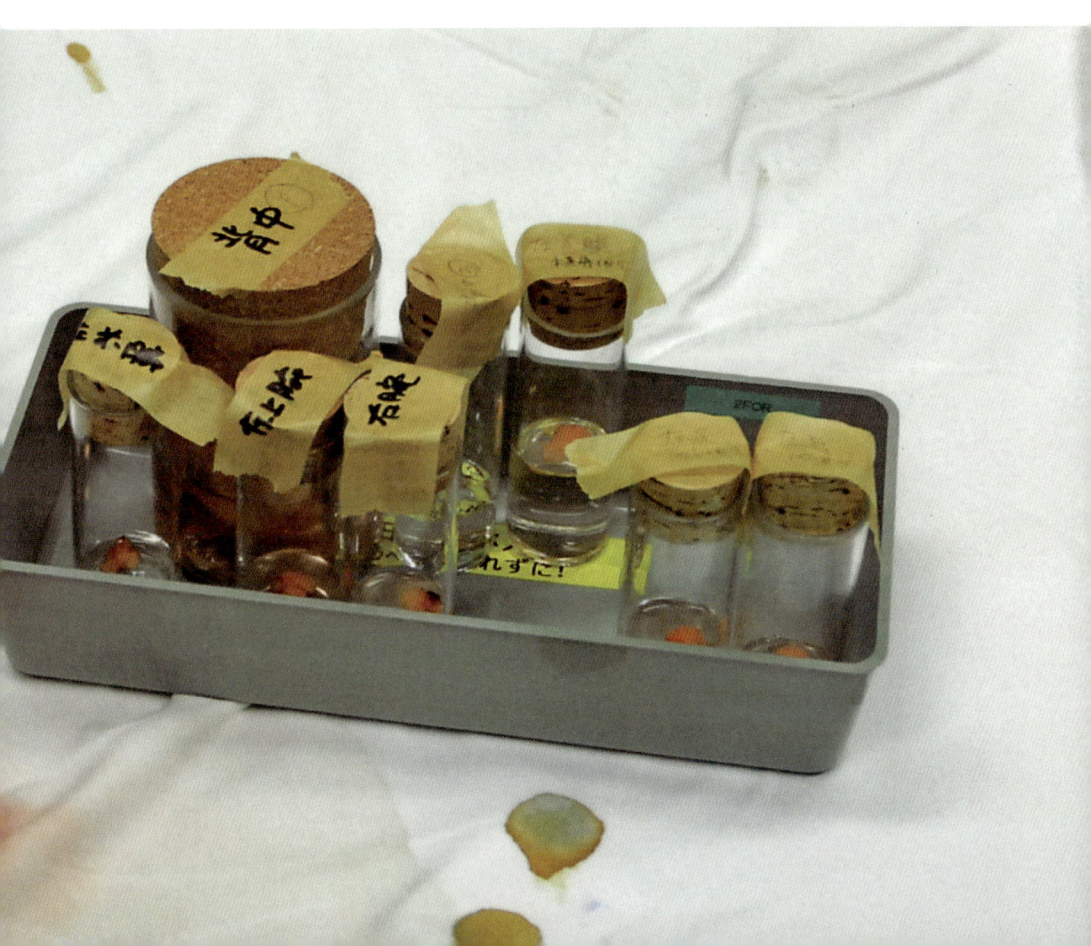

거울을 믿지 말 것
일본, 도쿄, 오모테산도

6월 11일 | 도쿄의 좁은 거리에는 흔히 거울이 설치되어 있다. 마주 오는 차량을 발견하거나 일방통행인 길을 거슬러오는 자전거를 피하도록 세워놓은 것이다. 일본은 자전거를 타고 다니는 사람들이 살기 편한 곳이다. 예를 들어 빨간 불에 자전거가 지나가도 경찰이 눈감아주는 일이 허다하다. 이곳에 이사 온 지 얼마 안 되었을 때, 거울로 식별 가능한 것과 불가능한 것을 알아내기까지 한참 걸렸다. 하지만 이제는 골목 사이로 출퇴근하면서 앞에 무엇이 있는지 보는 거울은 필수가 되었다.

현재 자동차 접촉사고를 막기 위한 전략과 첨단기술이 무진장 많이 있다. 게다가 GPS 기능이 달린 위치 추적 휴대폰이 점점 늘어나고 있으니 선택의 폭도 넓어지고 있다. 주행 시 앞에 나 있는 실제 도로를 보지 않고, 대신 도로의 모습을 걸러서 보여주는 기기에 의존하게 된다면 어떤 결과가 일어날 것인가?

도로에 흩뿌려져 있는 정보에 대해 생각해보자. 앞에서 오는 차량에 "아기가 타고 있어요"라는 글이 붙어 있다면 우리가 운전하는 방법이 달라질까? 혹은 동네 좁은 골목을 돌고 있을 때 차량이 근처에서 놀고 있는 아이들을 알아서 감지한다면? 또는 보험회사를 통한 정보문자가 전방에 사고 다발 지점이 있다는 것을 알린다면?

나그네 설움
일본, 도쿄, 다이칸야마

6월 19일 | 몇 년 전 베트남에서 일정에 없이 출국해야 했던 적 이후로는 최근에 입국 비자 신청 시 문제가 발생한 적은 없었다. 하지만 바쁜 주중에 대사관에 가는 일은 시간을 상당히 많이 잡아먹는다. 더구나 예전에 대사관으로 쓰이던 건물로 갔더니 가정집으로 바뀌어서 아무런 소득 없이 돌아와야 했다. 도쿄에 있는 우간다 대사관은 이제 다이칸야마로 옮겼다.

이건 다른 이야기인데, 어느 나라 대사관에 입국 후 거리 조사를 할 때 허가를 따로 받아야 하는지 여부를 이메일로 문의했더니 남편에게 부탁하여 신청서를 써서 제출하라는 답신이 왔다. 앞으로 이메일을 쓸 때 성별이 구분되는 호칭을 붙여야겠다.

내일은 또 다른 현장 조사를 나간다. 새로운 경험과 새로운 도전이 나를 기다리는구나.

The Embassy of the
Republic of Uganda
Tokyo

VISA No. 13/6/06

Good for ....MULTIPLE.... journey to
Uganda ....BUSINESS....
with in ...SIX... months of date
here of if passport remains
valid.

Signed ....

For Ambassador

TOKYO Date ...JUN.-6. 2006

Fee ¥10,000=

Period of stay : ......180... days

워크숍
일본, 야츠가타케

6월 14일 | KDA에서 일하는 친구와 함께 MNC 어패럴 브랜드 워크숍을 진행한다. '일본 신발 시장의 과거, 현재 그리고 미래'라는 주제로 거품 경기 시대에 지은 웨딩 리조트에서 열릴 예정이다.

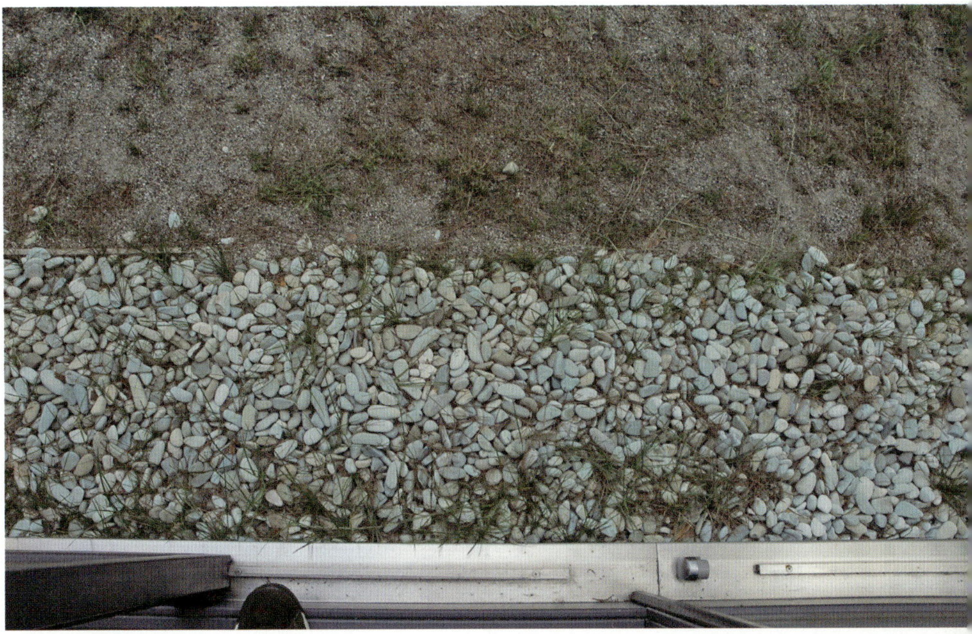

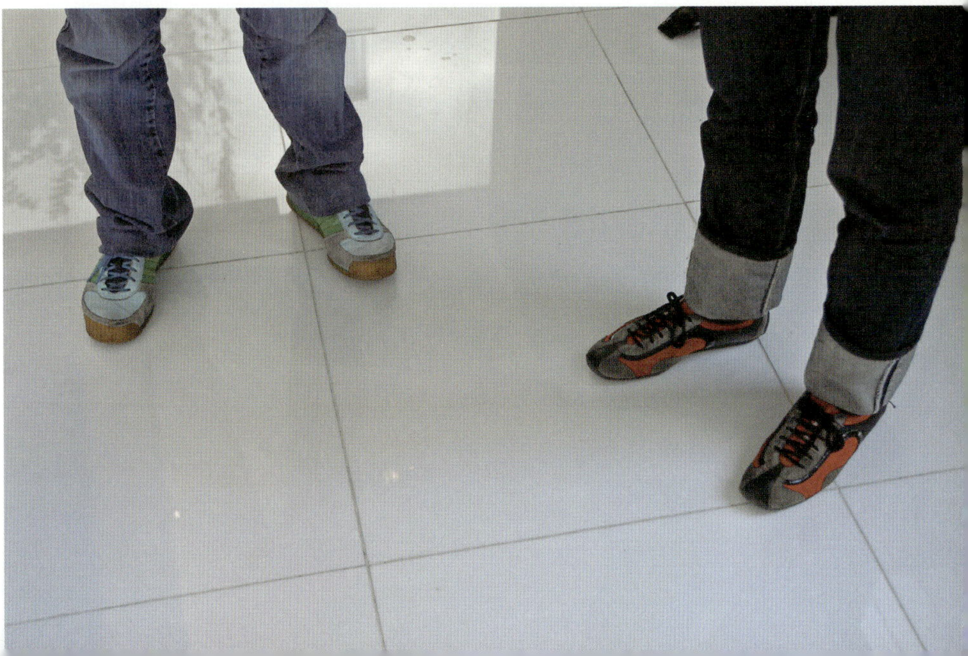

낯선 곳
남아프리카공화국, 요하네스버그

6월 21일 | 24시간 동안 비행기 꽁지 쪽에 앉아 있다가 요하네스버그 공항에 도착하고 나면, 헤드폰을 쓰고 음악을 듣는 전략이 필요하다. 음악을 듣는 것은 아직도 에너지가 펄펄 넘친다고 내 몸이 착각하기 때문이고, 헤드폰을 쓰는 이유는 허공을 응시하면서 사람들의 접근을 외면하면 호객행위를 하는 택시 운전사를 물리치기가 쉽기 때문이다. 하지만 새 공항에서는 상황이 어떨지 모르는데다 오늘 일정을 보니 얼굴 붉힐 일이 벌어질 것 같아서 걱정했다. 그러나 다행히도 기우에 불과했다.

　세관 통과 시 기억해야 할 규칙 1번, 아무한테도 주의를 기울이지 말고 상황 파악을 잘해서 파악 당하는 일이 없도록 하라. 규칙 2번, 운전사를 선택하되 운전사에게 선택당하지 마라. 나는 머빈을 선택했는데 알고 보니 운이 따랐다. 그는 벤츠를 모는데다 동네 잡학박사로 통할 뿐만 아니라 상당히 신사다. 오늘 일정은 술술 풀릴 것 같다.

　당신이라면 남아공에서 24시간 동안 무엇을 하겠는가? 나는 일단 3시간 내로 공항에서 50분 거리에 있는 호텔에 체크인을 하고, 강연하러 마레카 연구소로 곧장 나서야 한다. 그러고 나면 오후에 쉴 시간이 있다. 하지만 여기까지 와서 그냥 호텔 방에서 쉬다 갈 수는 없다. 남은 몇 시간 동안 무엇을 하면 좋을까? 머빈이 여유 있는 관광가이드로 탈바꿈하여 도로 지도를 꺼낸다.

낯익은 곳
남아프리카공화국, 소웨토(Soweto)

6월 21일 | 머빈은 요하네스버그와 프리토리아(Pretoria, 남아프리카공화국의 행정수도-옮긴이)의 여러 인근 지역을 비롯하여 외딴곳에 위치한 내가 묵는 호텔 주변을 설명하기 시작한다. 아직 한 번도 가보지 못한 장소들이 끌린다. 인종차별정책 시대에 일어났던 사건에 대한 뉴스기사를 너무 많이 본 탓이다. 밀그램(Stanley Milgram) 박사의 '익숙한 타인들'에 해당하는 장소는 어디일까? 너무나 익숙하게 느껴져서 첫 방문임에도 불구하고 기시감이 느껴지는 장소 말이다. 언젠가 로스앤젤레스에 처음 갔을 때 대중문화나 예술작품에 나오는 현지 친구들과 매체에 자주 등장하는 장소로 드라이브하면서 이런 기시감을 느낀 적이 있다.

여행이 끝난 후 샤워를 하려다가 호텔 수영장의 유혹을 뿌리치지 못하고 그곳으로 갔다. 그러다 저체온증에 걸릴 수 있다며 리셉션에 있는 직원이 겁을 준다. 그저 허풍이려니 하고 물속으로 거꾸로 다이빙을 했다. 들어가자마자 허둥지둥 탈출을 시도했다. 그 시간대의 주변 온도는 5도. 별로 오래 버티지 못했다. 수영장은 오리 떼나 쓰게 놔두자.

나머지 시간은 머빈과 함께 보내면서 소웨토에 있는 흑인 거주지역과 무허가 건물들이 모여 있는 빈민촌을 방문했다. 한 장소를 구경하기에 24시간은 너무 짧다. 나중에 다시 와서 직접 많은 것을 배우고 싶다.

농촌 통신망
우간다 남부, 칸센세로(Kansensero)

6월 28일 | 캄팔라(Kampala)에서 차를 몰고 남쪽으로 70킬로미터 정도 떨어진 곳에 우리 리서치팀이 며칠간 머물 키오테라(Kyotera) 마을이 있다. 거기서 계속 남쪽으로 가면 우간다-탄자니아 국경이 나오고, 동쪽으로 가면 시골 벽지에 도착하게 된다. 또, 서쪽으로 가면 빅토리아 호가 나와서 배가 있어야만 더 나아갈 수 있다. 이 마을은 연구 기지로 삼기에 딱 좋은 위치다. 우리가 연구하는 주제가 무엇이든 간에 우리가 묵는 호텔은 잦은 정전에도 불구하고 차가운 맥주를 제공하는 장점이 있다.

현지 언론 조력인 줄리어스와 동료 연구원 인드리를 포함한 우리 팀은 오늘 아침 빅토리아 호 기슭에 있는 어촌 칸센세로로 차를 몰고 가려고 일찍 일어났다. 우리는 어선들이 돌아와 잡은 물고기들의 무게를 달아서 팔 때에 맞춰 도착하도록 시간을 계산하여 출발했다. 뿔이 길게 난 소 떼를 만난 것과 시골 전화교환소에 잠깐 들른 것을 제외하고는 특기할 점이 없는 여행이었다.

전화교환소는 미국 그라민 재단(Grameen Foundation USA)이 현지 소액금융기관과 공동으로 진행하는 사업으로, 그 지역 무선통신업체인 MTN과 우리 회사가 빌리지 폰 키트를 제공한다. 빌리지 폰 키트는 개조한 휴대폰, 긴 전선이 붙은 안테나, 충전용 자동차 배터리로 구성되어 있다(우간다 시골 지역처럼 전기가 들어오지 않거나 정전이 잦은 나라에서는 자동차 배터리를 전

력 공급원으로 이용하는 일이 흔하다). 소액금융기관을 통해 빌리지 폰 키트를 살 돈을 빌려서 가게를 차리면 되는데, 대부분 장사가 잘 된다. 적어도 이제는 휴대폰의 유용성에 대한 인식이 많이 높아졌으며, 앞으로 경쟁도 심해질 것이다.

라카이 지역의 인적 드문 시골 도로를 달리다 보면 빌리지 폰 가게가 성업 중이라는 것을 알려주는 두 가지 표식이 있다. 멀리서 장대 끝

에 달린 안테나가 마을의 다른 건물보다 네 배 정도 높이 우뚝 솟아 있는 모습이 나뭇잎 사이로 보인다. 또 하나는 마을 어귀에 전화 요금이 적힌 노란색 MTN 간판이 눈에 들어온다. 저렴한 통신시설에 대한 접근 용이성이 마을 주민들의 형편에 미치는 영향은 근사한 리서치 주제가 될 듯하다. 오늘은 별로 시간이 없으니 다음에 다시 와야겠다.

칸센세로는 GSM 통신망이 불규칙하고, 주전력 공급원이 보통 자동

차 배터리나 자가발전기다. 한정된 자원을 최대한으로 이용하는 이곳 주민들의 적응 전략을 이해하는 것은 참 흥미로운 일이다. 물론 식수(대부분 휘발유통 같은 곳에 담아서 자전거로 실어 나른다)나 기본적인 의료서비스의 부족처럼 해결해야 할 더 큰 문제가 있다는 사실도 잘 알고 있다. 많은 면에서 완벽한 미래의 척도는 도쿄나 파리 혹은 런던 같은 곳에서 어떤 일이 가능하게 되었느냐가 아니라 이곳과 같은 시골에서 인간의 기본적인 욕구를 충족하기 위한 자원과 시설 문제가 얼마나 해결되었느냐 하는 것이다. 현지인을 인터뷰할 때마다 병원, 산파, 병든 가족에게 연락하거나 가족의 사망을 알리는 문제 등이 매번 거론된다. 농촌 지역에서는 밭에서 일하고 있는 사람들에게 친지의 사망 소식을 전하기 위해 무선 방송을 하는 경우가 흔하다. 하지만 이러한 모습도 이제는 서서히 전화 통화로 대체되고 있다.

민물고기가 많이 나는 곳임에도 불구하고 현지 가이드는 그 마을의 음식을 먹지 말라고 충고했다. 콜레라가 유행하는데다 요리 환경도 안전을 장담할 수 없다는 것이다. 그래서 우리는 차를 타고 카게라강(Kagera River)의 화물 적재 구역으로 우르르 몰려갔다가, 비스킷 한 통과 치즈 한 조각을 씹으며 돌아왔다. 운전사는 우간다 남쪽 국경지역에 다녀왔다는 것을 가족들에게 보여주고 싶다면서 사진을 한 장 찍어달라고 부탁했다. 내가 셔터를 눌러대는 동안 팀원 한 명은 옆에서 즉석 인터뷰를 진행했다. 인터뷰 대상자는 느긋하고 입담 좋은 경찰관이었는데 현지 어부들이 주로 신는 깨끗한 흰 고무장화를 보더니 태도가 변했다. 그는 목재를 쌓아놓은 곳 위로 올라가서 AK47 자동소총을 손에 들고 탄자니아에서 운송된 커피콩을 부리는 것을 감찰했다. 인터뷰가 진행되는 동안 우리는 인부들이 60킬로그램짜리 포대를 근처에 있는 트럭으로 낑낑대며 나르는 것을 구경했다.

  이곳은 공식 국경 교차점이 아니어서 만약 세금이 징수된다고 해도 이곳에서 추가로 부과되지는 않는다.

비상용 자가발전기를 이용하여 가나 대 브라질 경기를 관람하는 모습, 키오테라

전력 부족
우간다 남부, 키오테라

7월 1일 | 우간다에서 정전은 생활의 일부다. 그러니 정전 때문에 현장 조사가 크고 작은 영향을 받았다는 것은 놀랄 일도 아니다. 저녁 인터뷰 동안 정전이 되는 일도 있었고, 근처 자가발전기에서 끊임없이 쿵쿵거리며 증기를 내뿜는 소리가 들려도 어떻게든 대화를 유지하려고 애쓴 경험도 있다. 특히 오랜 시간 동안 사진을 처리하는 과정에서 휴대용 노트북의 배터리가 다 닳을까 가슴을 졸이기도 했다. 우리는 현지에서 찾을 수 있는 다양한 충전서비스를 모조리 적어두고 현지인들처럼 한정된 자원을 최대한 활용하는 전략을 썼다.

호텔에서 전기가 나가면 시간당 1만 우간다 실링(2,000원 정도)에 비상용 자가발전기를 빌릴 수 있는데, 이 기계에서 작은 호텔을 돌릴 수 있을 정도의 전기가 발생한다. 발전기를 돌리면 꺼졌던 TV가 깜빡이며 되살아나는 덕분에 우리는 다른 손님들 사이에서 인기가 좋다.

기억력 높이기
일본, 도쿄

7월 7일 | 경험했던 일들을 효과적으로 기억하는 방법이 무엇일까? 기억력을 향상시키는 좋은 방법이 있을까?

새털처럼 금세 날아가는 수많은 순간들을 경험하고, 포착하고, 분석하는 것을 업으로 삼은 나 같은 사람은 갔던 곳에 대한 기억을 강화하기 위해 현지에서 파는(현지에서 생산한 것이면 더 좋다) 치약과 칫솔을 산다. 하나를 사면 여러 주 동안 쓸 수 있고 이를 닦을 때마다 내가 있었던 곳을 생각한다. 사진에는 델리에서 쓴 미스왁 나뭇가지(치아 청결용 약용 나뭇가지-옮긴이)와 라싸(Lhasa, 티베트의 수도-옮긴이)의 야크 호텔에서 산 칫솔도 있다.

이른 아침, 위협적인 자세

브라질, 코브라솔(Kobrasol)

7월 14일 | 리서치팀은 코브라솔의 해안 지역으로 철수했다. 나는 시차를 핑계로 꼭두새벽에 도시를 경험하러 나선다. 텅 빈 거리가 제공하는 여유로운 시간과 공간이 꽤 마음에 든다. 기간 시설에 관한 자세한 기록을 남기는 일은 아무도 없을 때 더 쉬워지곤 한다. 그리고 마침내 동트는

순간을 보고 있노라면 진정한 아름다움이 이런 것이라는 생각이 든다.
 그렇지만 밤에 거리를 배회하는 것은 문화에 따라 위험수준이 다르다. 예를 들어 도쿄는 어떤 시간에나 어디든 문제없이 갈 수 있다. 그런가 하면 우간다 캄팔라에서는 상당히 많은 사람들이 총기를 소지하고

다니지만, 대부분은 보여주기 위한 것에 불과하다. 그러나 이곳 브라질에서는 인터뷰 참가자들이 살인이나 강도 사건을 이야기해준 적도 있고 심지어 납치를 당한 경험담을 들려준 이도 있었다. 건물마다 보안이 철저한 것과 사람들이 물건을 소지하는 방법과 태도를 보면 거리가 상당히 위험한 곳임을 알 수 있다.

심층자료를 수집하는 동안 준비시간을 줄이기 위해서 카메라를 손에 계속 들고 있는 경우가 대부분이다. 카메라를 눈앞에 들이대고 촬영을 하면 인터뷰 참가자들이 카메라를 의식하기 때문에 가깝지만 눈에 잘 띄지 않는 곳에 숨기고 촬영한다. 또한 카메라가 가방 속에 있는 경우에도 손가락은 늘 버튼에 올려놓고 여차하면 녹화할 태세를 갖춘다. 반면, 이곳 코브라솔에서는 인적이 드문 꼭두새벽에 카메라를 다룰 때 유의사항이 완전히 다르다. 카메라를 완벽히 숨겨서 돈이 될 만한 물건이 없다는 것을 알리거나, 숨긴 상태에서 만진다든지 해서 숨겨놓은 무기를 만지고 있다는 오해를 불러일으킬 짓을 삼가야 하며, 아니면 아예 드러내놓고 그냥 사진을 찍는 모습을 보여주는 것이 좋다.

지금은 새벽 4시. 다른 행인과 마주치면 그들이 지나갈 때까지 최소한 2미터 정도는 거리를 두는 것이 사회적 관습이다. 양손을 잘 보이는 곳에 두고 태연하게 걸어가면 된다.

아스팔트 위의 고무

브라질, 캄페체(Campeche)

7월 18일 | 지난 며칠밤 우리의 보금자리가 되어준 곳은 브라질의 남대서양 해안에 자리 잡은 캄페체라는 작은 서핑 촌이다. 코브라솔에서 벗어나니 어느 정도 긴장이 풀린다. 지난 8일간 집중적으로 리서치를 하고 나서 정신적으로나 육체적으로 그곳의 환경으로부터 거리를 좀 두어

야 할 것 같았다. 더구나 주위에 펼쳐진 아름다운 자연경관을 두고 혼잡한 도심에 있기가 답답했던 부분도 있다.

나는 오늘 아침 부딪히는 파도 소리를 들으며 잠에서 깨어났다고 말하고 싶지만, 넘어지면 코 닿을 정도로 바다가 가까이 있는데도 현실은 훨씬 일상적이다. 해 뜰 녘에 수탉이 우는 소리를 들으며 잠에서 깼다. 곧이어 한 10분 동안 누가 빠르게 반복적으로 코를 통해 공기를 들이마시는 소리가 들렸다. 알고 보니 새 한 마리가 지저귀는 소리와 가수면 상태의 풍부한 상상력이 만들어낸 창작물이었다. 동네 새들을 제외하고는 주의력을 떨어뜨릴 만한 것이 없는 캄페체는 자료에 대해 토론하고 우리의 이해를 한 차원 높일 수 있는 최적의 장소다.

호텔은 해안을 따라 난 길과 해변 사이에 끼어 있다. 밤에는 축구시합 소리가 근처 황무지까지 들린다. 아스팔트에 고무바닥이 끽끽거리는 소리. 공을 굴리고, 뺏고, 누르고, 차는 소리(이래 봬도 여기는 엄연히 축구의 왕국 브라질이다). 골이 들어갔을 때 자신이 뛸 차례를 기다리는 구경꾼들의 환호. 축구장은 나트륨 가로등 바로 아래에 펼쳐져 있는데, 멀리 굴러간 공을 주우러 가는 시간을 절약하기 위해서 오래된 가구, 상자들, 재생 목재 같은 것으로 축구장 양 끝을 막아놓았다. 축구장 자체는 15미터 길이에 딱 찻길만 한 폭으로, 실력 있는 선수들은 갓돌을 이용해서 원투패스를 할 수 있게 되어 있다. 재생 목재로 만들어진 골대의 뒤에는 포대 하나가 있다. 처음에는 네트 대용인가 싶었는데, 계속 지켜보니 나름 축구장 같은 분위기를 내려는 노력이기도 하거니와, 공이 골대 사이를 통과해서 지나갔는지 쉽게 확인할 수 있도록 고안된 것이었다. 선수들 실력이 수준급이고 3대 3으로 경기를 하고 있음에도 골대가 폭이 1미터도 안 되게 좁아서 득점률이 낮다.

지금 브라질은 온화한 겨울 날씨다. 선수들의 복장은 티셔츠에 반바지를 입고 거의 대부분이 낡은 스케이트보드화(고무 밑창에 뒤축이 강화된 스케이트보드용 운동화-옮긴이)를 신었다. 신발가게에 축구화 물량이 많은데도

다들 스케이트보드화를 신은 것을 보고 조금 놀랐다. 하긴 이곳에 스케이트보드를 타는 사람들이 상당히 많긴 하다.

두 번 연달아 득점하는 팀이 이기는 시합으로, 한 팀이 지면 새로운 세 명이 들어와 다시 경기를 시작한다. 논리적으로 생각해볼 때 이렇게 계속 가게 되면 이긴 팀은 결국 지쳐서 퇴장하게 될 것이다. 하지만 내가 구경하고 있는 동안에는 실력이 뛰어난 한 팀이 계속 경기장에 남아

있었다.

　3일 밤을 연속으로 그들은 여기서 축구를 했다. 어쩌면 매일 밤 여기에 나와서 축구시합을 하는지도 모른다. 인도 거리의 크리켓 경기든, 중국의 농구든, 오늘 밤처럼 브라질의 길거리 축구든, 사람들이 열정적으로 무엇인가에 임하는 광경을 목격하는 일은 늘 즐겁다.

하위문화의 속도
브라질, 상파울루

7월 21일 | 상파울루의 하위문화를 탐험하는 토요일 밤.

휴대폰을 든 상파울루 시민 뒤에 주차된 멋진 머슬카(1964년에서 1971년 사이에 미국에서 생산된 고성능 중형차 – 옮긴이)와 수마레(Sumare) 다리에서 고속도로 위의 교통섬으로 자일을 타고 하강하는 등반가들(오른쪽 사진). 새로 선출된 상파울루 시장이 자일을 타고 하강하거나 기타 도심 등반 활동에 대한 단속을 강화했지만, 지나가는 차량도 눈치를 채지 못하는 모양이고 경찰도 보이지 않는다.

오늘 든 생각. 합법적, 무법적, 불법적 활동의 흐릿한 경계는 상황에

따라 달라진다. 현재 벌어지고 있는 일에 대한 법적 대처를 위해서 법은 늘 변화한다.

　또 다른 생각 하나. 하위문화가 전파되고, 흡수되고, 재사용되는 속도는 현지 상황에 따라 달라진다.

도쿄의 아침
일본. 천황궁에 다녀오는 길

8월 1일 | 시차증이 주는 혜택이 있다면, 한밤중에 자전거를 타고 도쿄 한 바퀴를 돌고 싶을 때 좋은 구실이 된다는 것이다. 한 달 정도 여행을 하다 보니 운동이 부족하긴 했다. 사쿠라신마치에 있는 나의 아파트에서 시작하여 246번 국도를 타고 시부야, 오모테산도를 통과한 후 긴자 거리의 가장자리를 잠깐 들렀다가 집으로 향하는 경로다. 많은 면에서 이른 새벽 도시의 풍경은 진행 중인 도쿄 연구의 단기 재교육인 셈인데, 그 이유는 유사성으로 인해 연구에 현실적 균형감을 불어넣어 주기 때문이다.

새벽 4시경이 되면 7월의 습도가 충분히 내려가서 상쾌하게 운동을 할 수 있다. 더구나 새벽의 여명 덕택에 도시를 관통하는 흉물 246번 국도까지도 로맨틱하게 느껴진다. 도로에는 술꾼들을 집으로 데려다주는 택시들과 모터 달린 자전거를 나누어 타는 검게 그을린 아이들(지금은 여름방학 기간이다), 패션 촬영을 위해 촬영지를 물색 중인 히노 승합차 몇 대 정도밖에 없다. 히노 승합차는 도로 가장자리에 주차된 경우를 자주 본다. 예의 뚱뚱하고 수염 난 운전사가 차 밖으로 나와 한 손에 담배를 들고 피우는 동안 다른 손으로는 청 테이프를 돌돌 말며 손장

난을 친다. 긴자 거리의 동쪽 끝에서는 수산시장용 고무장화, 고무앞치마를 비롯하여 머리부터 발끝까지 고무로 도배한 사람들이 삼륜 오토바이를 타고 가는 모습을 자주 본다. 이 지역에는 물고기 페티시 동호회가 활성화되어 있어서 그곳의 회원들이라고 말할 수 있다면 얼마나 흥미로울까마는, 현실은 시시하게도 츠키지 수산시장이 근처에 있어서 그렇다.

아침 6시 정도가 되면 천황궁은 그 지역 달리기 선수들이나 조깅하는 과체중의 외국인들과 자전거를 타는 사람들의 연습장으로 변한다. 30분 정도만 일찍 오면 천황궁 바닥에 맺힌 이슬이 증발하는 모습과 그곳에서 잠을 청하던 많은 노숙자가 사라지는 모습을 볼 수 있다. 노숙자들은 일본 어느 공원에서나 볼 수 있지만, 천황궁의 드넓은 풀밭과 수목의 화려함과 극명한 대조를 이루어 더 깊은 인상을 준다. 자주색 담요 밑에 누워 있는 한 장기노숙자 양반 옆에는 루이뷔통 여행용 가방이 놓여 있다. 이 광경은 여러 측면에서 재미있다. 그중 한 예를 들면, 아마도 가방이 가짜겠지만 이곳은 일본이니만큼 진짜일 가능성도 무척 높다는 것이다.

집으로 돌아가는 길은 평탄했다. 도쿄의 아스팔트는 다리에 무리가 가지 않는다.

스티커 사진기

일본, 도쿄, 시부야

8월 7일 | 이틀 동안 게이오 대학의 미미 이토와 다이스케 오카베와 함께 스티커 사진기 문화를 연구하는 일을 했다. 자연히 연구의 일환으로 시부야 오락실 몇 군데에서 인터뷰를 하고 엄청난 양의 스티커 사진을 찍으면서 시간을 보냈다.

페차쿠차
일본, 도쿄, 롯폰기

8월 9일 | 페차쿠차*의 근원지인 롯폰기힐즈에 있는 슈퍼 디럭스에서 페차쿠차 프레젠테이션을 했다. 20장의 슬라이드와 각 슬라이드당 최대 20초 시간제한이 있어서 발표가 물 흐르듯 진행된다. 지루한 프레젠테

* 페차쿠차-일본에 살던 두 명의 외국인 건축가 마크 다이탐과 아스트리드 클라인이 2003년 시작한 프레젠테이션 관련 이벤트로, 발표자는 딱 20장의 슬라이드를 가지고 정확히 한 장당 20초씩 발표해서 모두 6분 40초 안에 마쳐야 한다. 슬라이드는 자동으로 20초마다 넘어가도록 되어 있다.

이션이 있더라도 몇 분만 참으면 다음 것이 나온다.
이렇게 많은 사람이 참석하다니 굉장하다.

도심의 패션쇼
일본, 도쿄, 오모테산도

8월 23일 | 핑맥(도쿄에 본사를 둔 온라인 디자인 잡지-옮긴이)의 올레시카와 료와 함께 이제는 하라주쿠 풍경의 일부분이 된 사람들을 인터뷰했다. 그들은 바로, 횡단보도 근처에 서서 눈에 띄는 패셔니스타를 붙잡아 도쿄의 패션 잡지에 실을 사진을 찍는 사진작가들이다. 그러니 우리는 사진작가들을 사진 찍는 셈이다.

잠시 여러분이 몸담고 있는 업계를 생각해보자. 동료들이 공식적으로 혹은 비공식적으로 모여서 교류하고, 배우고, 혁신하는 핵심 영역이 있을 것이다. 그다음 그 경계를 살짝 넘어서 유사 영역을 상상해보라.

나의 영역은 기업 리서치(나는 아직도 이게 정확하게 무슨 의미인지 모르겠다)가 되겠고 그 유사 영역은 임상심리학, 테라피, 언론학, 사진 언론학, 경찰/정보원/정치운동가/자유투쟁가 취조 기술, 이야기꾼, 스탠드업 코미디 등이 있겠다.

기본적인 것 몇 개만 말하면 그렇다.

이곳에서 저곳으로

일본, 도쿄, 아자부주반

8월 30일 | 이란 대사관에서 비자 찍힌 여권을 받기 위해 아자부주반으로 나섰다. 비자 신청을 하다 보면 아, 내가 정말 어디로 가는구나 싶은 생각이 드는 순간을 만나게 된다. 한 달 후 정도면 그 문화 속에서 생활하고 일하고, 그곳의 사람들을 만나고 배우게 된다는 자각이 드는 순간이다. 현실적인 문제들도 고려하게 된다. 새로운 언어 속에서 리서치를 하면서 어떻게 하면 문화적인 민감성을 충분히 지니고 업무를 수행할 수 있을까 하는 고민이 당연히 따라온다.

비자를 신청한다는 것은 다른 부분들은 계획대로 잘 진행되고 있다는 것을 암시한다. 리서치 브리프는 충분히 준비되었고, 프로젝트 날짜도 정해졌으며, 협력 파트너들과의 대화도 충분히 진행되었다는 말이다. 어떻게 보면 대사관 방문은 시간표를 확인하는 도구이자 새로운 초읽기의 시작이다.

대사관이 그 문화와의 첫 접촉점은 아니다. 현지 가이드나 기관들과 이미 잦은 연락이 오간 뒤 기초 조사 역시 상당히 진행된 상태에서 가게 되니 말이다. 그러나 대사관에 직접 가는 것만큼 그 문화에 대해 실감나게 하는 것도 없다.

대사관은 보통 자국과 현지 문화의 관습에 따라 운영이 된다. 이란 대사관에는 남녀가 구분된 전용 창구가 있고, TV는 현지 연예 채널에 맞춰져 있으며(지금 한 신사가 마이크를 들고 식당을 돌며 노래하는 장면이 나온다), 정치지도자와 종교지도자의 초상화가 나란히 걸려 있는가 하면, 익숙한 언어가 들리지만 벽에는 낯선 언어가 보인다.

　창구 유리를 통해서는 자국 문화가 느껴진다. 지나치게 극성맞은 신청자가 거절당하는 모습, 개인의 시간과 공간에 대한 배려 수준, 그리고 이러한 배려에 대해 감사를 느끼는 정도, 그리고 자국 문화의 우수성을 함께 나누려는 진실한 욕구가 그것이다. 두 문화가 만나는 지점

도 있다. 아랍어와 일본어로 된 비자 스탬프 자판기다.

솔직하게 고백하면 영사관 사무실 내에서 사진을 찍는 것이 허용된다는 데 약간 놀랐다(하지만 사람 외에 사물에만 카메라를 갖다 대긴 했다). 어떤 국가의 대사관 내에서 허용되지 않는 행동은 무엇이 있을까? 또, 그러한 규칙이 있다는 것 자체가 그 문화에 대해 무엇을 말해주고 있는가?

호텔 보안
핀란드, 헬싱키

9월 10일 | 헬싱키에서는 현재 아시아유럽정상회담(ASEM)이 열리고 있다. 호텔 체크인이 보통 때와는 분위기가 다르다. SAS 로열 호텔에 말레이시아와 싱가포르 사절단이 묵는 관계로 로비에는 공항식 보안 경비를 설치해서 모든 가방과 금속 제품은 엑스레이 기계를 통과해야 하고 사람은 금속탐지기를 지나가야 한다. (친구 한 명이 중국 사절단이 묵는 호텔에 투숙했는데, 그곳은 호텔 주변이나 내부 층마다 경호원이 깔렸다고 말해주었다. 거기에 비하면 나는 상당히 가벼운 보안 경험을 하고 있는 것이다.) 20시간을 차로 여행하고 나면 샤워를 하거나 잠을 자고 나만의 시간을 가지고 싶은데 거기에 걸림돌이 되는 것은 다 신경에 거슬린다. 그래서 감시가 소홀한 틈을 타서 살짝 들어가 체크인을 했다.

여기까지는 좋았다. 그런데 2시간

후 밀린 잠을 자려고 애쓰는데 누가 문을 두드렸다. 헬싱키 경찰이었다. 호텔 지배인도 함께 있었다. 나는 다시 짐을 다 챙겨서 내려가 엑스레이 기계에 통과시켜야 했다. "아, 그리고 귀하께서도 짐을 들고 방에서 나와주셔야겠습니다." 옷을 입지 않은 채 이불로 몸을 둘둘 감은 상태라 옷을 좀 입겠다고 한 것이 무리한 요구는 아니었을 것이다. 경찰관은 본인이 여기에 있을 테니 옷을 입으라고 했다. 그가 뒤돌아서 있는 동안 나는 비몽사몽간에 옷을 주섬주섬 입으려고 애썼다.

우리가 방을 나오자 헬싱키 폭탄 전문팀이 경찰견과 함께 들어섰다. 나는 지난 24시간 동안 만졌던 모든 물건을 머릿속으로 훑었다. 드디어 나와 같이 있던 경찰관에게 무전으로 '이상 무'라는 연락이 왔고 나는 다시 방으로 들어갈 수 있었다.

작년에 우리는 사람들이 잃어버리는 물건과 그것을 찾기 위한 조치에 대해 조사한 적이 있다. 분실물 주인이 그 물건이나 물건을 잃어버린 상황과 엮이기 싫어하는 경우가 있다. 어떤 물건일까? 상상력을 약간 이용해보면 답을 금방 알 수 있을 것이다.

대부분의 사람은 사적이라고 생각하는 물건이나 데이터를 지니고 다닌다. 또한, 호텔에 투숙하는 사람들이 길거리를 걸어가는 일반인보다 사적인 물건을 더 많이 가지고 있을 것으로 추측하는 것은 합리적이다. 그런데 엑스레이 기계가 상당히 흔하고 가방 조사가 점점 자주 일어나고 있으니 이러한 사적인 물건들이 공개될 확률은 더 높아진다.

칼이나 흰 가루같이 보안 검색에 걸릴 물품들 말고도 공개될까 두려

워 집에 두고 오게 되는 물건들은 어떤 종류가 있을까? 소지품 검사가 섹스용품이나 자위기구의 매출에 어떤 영향을 미칠까? 이러한 일들이 현재 우리가 가지고 있는 사적 영역의 개념을 얼마나 확장시킬까?

제품 작명법
미국, 산타 모니카

9월 25일 | 지난주는 매일 하루를 밤 12시에 시작해야 했다. 이런 일정에 즐거움이 있다면 윌셔(Wilshire)에 있는 이지스 델리(Izzy's Deli)에서 새벽 3시에 아침을 먹는 일이다. 거대한 호밀빵 파스트라미 샌드위치라든지 가게에 방문한 온갖 유명인의 사진을 붙여놓은 모습이 뉴욕의 식당을 연상케 한다. 나는 그들이 전시해놓은 온갖 유명인에 포함되지는 않지만, 뭐 개의치 않는다. 내가 이곳에 오는 진짜 이유는 사람 구경을 하기에 안성맞춤이기 때문이다. 등받이가 낮은 부스가 많고 대각선으로 좌석 배치가 된 데다 시야가 잘 트여 있다. 뒤편에 켜져 있는 TV에서 오늘의 스포츠 경기 하이라이트를 방송하고 있다. 볼륨은 높지 않고 대화 소리가 떠다닌다.

  이지스 델리는 런던 달스턴(Dalston) 시장의 24시간 열려 있는 베이글 빵집과 문화적으로 비슷한 공간이다. 24시간 영업을 하기 때문에 평범하지 않은 야행 손님들이 다양하게 찾아온다. 클럽 입구를 지키는 경비원이 근무를 마치고 오기도 하고 술에 취해 작업을 걸어보려는 대학생들(많은 것을 보니 근처에 대학 기숙사가 있나 보다)도 온다. "저놈은 희대의 사기꾼이야." 내 뒤에 앉은 한 남자 손님이 동석한 여자에게 소곤거리는 말이다. 내 오른쪽에는 모자를 비스듬하게 쓴 한 신사가 사업 계획을 다른 두 명에게 설명하고 있다. 계산대에는 경찰관 한 명이 포장해 갈 음식을 기다리는 동안 야간 지배인과 가벼운 대화를 주고받으며 시간을 때우

고 있다.

　얼마나 시간이 지났을까. 누군가가 메뉴에 있는 각 음식에 사람 이름을 붙여야 한다고 주장한다. 모리스의 찬 생선 모둠, 줄리의 일인용 미니 피자, 르우벤 랍비의 호밀빵 콘비프 샌드위치, 일레인의 기막힌 칠리 등등. 마야와 아라가 정말로 어린이 메뉴를 짰나? 에밀 케이가 훈수를 두지 않았다면 정말로 주방장 특선 샐러드가 지금보다 맛이 없었을

까? 간 요리는 정말로 글래이디의 입맛에 딱 맞게 마련되었을까? 루바의 새우 샐러드는 정말 루바가 없었다면 이런 맛이 나지 않을까? 아침 식사를 주문하기에는 잡음 대 신호비가 너무 높다.

기억할 점 : 아침에 윌셔에 있는 테헤란 마켓을 방문할 것.

완벽하게 형편없는 호텔

이집트, 카이로

10월 11일 | 우리가 여태껏 묵었던 숙소 겸 사무실이 얼마나 근사한지를 생각할 때, 카이로의 영세민 지구에 위치한 그 이름도 당당한 뉴 리치(벼락부자라는 의미-옮긴이) 호텔에 체크인을 했다는 사실에 놀랄지도 모르겠다. 호텔은 화려함을 자랑하던 시절의 흔적이 아직도 남아 있지만, 그 시절은 머나먼 옛날이다. 숙박료가 130이집트 파운드(2만 2,000원 정도)밖에 안 되는 곳에서 침대에 이불 홑청을 기대하거나 조명등이 작동하기를 바라는 것은 무례한 일일 수도 있다. 내가 여기서 밤을 보내는 이유는 거대한 인파가 몰리는 카이로 최대 중고 휴대폰 시장을 조사하는 데 최적의 장소이기 때문이다. 발코니에서 거리에 있는 사람들이 서로 반응하는 모습을 지켜보며 평화로운 순간을 잠시 즐긴 후, 밖으로 나가 이집트 휴대폰 시장의 독

특한 모습을 경험하고 기록하면서 6시간 이상을 인파 속에서 보냈다. 자정이 되자 나는 녹초가 되어 침대에 쓰러졌고 곧 잠에 빠졌다.

　새벽 3시 정도 되었을 즈음에 방문이 열리고, 나의 존재를 눈치채지 못한 남자 다섯과 여자 한 명이 방으로 들어오더니 2분 정도 활기찬 토론을 나누었다. 가수면 상태의 내 귀로 듣기엔 방의 전기배선 수리에 대해 이야기를 나누는 것 같았다. 물론 충분히 이해가 가는 상황이고 현지의 관습을 이해하기 위해 여기에 와 있기는 하지만, 일이 너무 이상하게 돌아가는 것 같아 일어났다. 그들은 중요한 부분을 셔츠로 가린 것을 제외하면 실오라기 하나 걸치지 않은 채 암울한 표정을 짓고 있는 나를 보자 군말 없이 방을 나갔다. 다시 잠 속으로 빠져드는 동안 어쩌면 이 방에 투숙객을 이중으로 받은 것일지도 모른다는 생각이 들었다. 아마 야간 근무 직원이 이 방이 비었다고 생각하고서 부수입을 올리려고 했나 보다.

　다음 날 아침 체크아웃을 하는데 지배인이 순진한 표정으로 왜 체크아웃을 하느냐고 묻는다. 이 완벽하게 형편없는 호텔을 두고서 말이다.

다음 목적지로의 항해
이집트, 카이로

10월 13일 | 우리 팀은 내일 배를 타고 도하를 거쳐 테헤란의 호메이니로 간다. 새로운 목적지로 가면 배울 것이 많다. 특히나 서구 언론에 자주 등장하는 곳이라면 더욱 그렇다.

영국 정부와 이란의 관계를 고려할 때, 그리고 리서치 팀원 중 하나가 미국 SIM카드가 들어 있는 전화기를 쓴다는 것을 감안할 때 앞으로 2주 동안 멀리서 나의 활동이 얼마나 감시당할지 궁금하다. 감시자는 누가 될까? 더 중요한 문제에 이 정도 수준의 수고를 들이면 더 좋은 세상이 될 텐데.

카이로에서 일한 소감은? 리서치 작업을 하기에 비교적 수월한 곳이었다. 하지만 현지 생활의 속도, 열기, 에너지 같은 것을 고려하면 쉬이 피곤해질 수 있는 환경이었던 만큼, 팀원들의 노고가 컸다. 즉석 거리 조사는 상당히 결과가 좋아서 굵직한 데이터를 많이 들고 귀향할 수 있게 되었다.

가방을 다 쌌다.

택시도 예약했다.

우연한 소득
이란, 테헤란

10월 23일 | 테헤란에 도착하니 세 군데의 방송국 촬영팀이 비행기의 도착을 기다리고 있었다. 좋은 징조다. 그들은 누구를 기다리고 있을까? 한 운동선수가 트로피를 흔들며 팬들과 가족 및 촬영팀의 환호 속에 귀국하고 있었다. 세관 통과는 순조로웠다. 간만에 세관을 통과하는 외국인의 줄이 자국인의 줄보다 빨리 줄어들었다. 비행기도 반 정도가 텅 비어 있었던 것을 보면 10월은 관광 성수기가 아닌 것 같다. 여자 동료 한 명은 여권에 입국 도장을 받기 전에 먼저 머리에 스카프를 써달라는 요청을 받았다.

1시간 내로 우리는 호텔에 도착했다. 그 스포츠 영웅이 어떤 종목에서 경기했는지 알아보려고 TV를 켰지만 1번 채널에서 하는 인티파다(봉기, 반란을 뜻하는 아랍어-옮긴이)에 관한 방송 때문에 잊어버렸다. 그 영상의 형식이 언더그라운드 스케이트보드 광고 영상과 많이 닮아 있다. 혹은 그 반대일까? 쇼티즈(Shorty's, 스케이트보드 관련 패션의류업체-옮긴이)와 퍽트(Fuct, 스케이트보드 관련 패션의류업체-옮긴이)의 경영자들이 인티파다 영상에서 영감을 얻었는지도 모른다. 돌을 던지는 시위자들을 보면서 자신을 진실하게 표현하는 법을 배우는 게 아닐까? 시멘트 위의 하드코어 스케이트보더들이 찾는 것은 엣지 있는 패션이다. 그렇다면 죽음보다 더 엣지 있는 것이 무엇이란 말인가. 쉬마그 스카프(중동의 사막지역에서 모래바람으로부터 얼굴과 호흡기를 보호하기 위해 착용하는 두건-옮긴이)가 후드티보다 더 반항적이다.

직역과 오역
이란, 테헤란

10월 25일 | 연구 기간이 얼마 남지 않았지만, 이 도시의 여러 지역을 조사해야 한다. 테헤란에서 교통 체증을 피하는 방법은 오토바이나 지하철을 타는 것이다. 그런데 나는 지상에서 일어나는 일을 기록해야 하므로 자전거를 타거나 운전사를 두고 차를 탄다.

점심시간은 잼 거리에 있는 라에즈 카페에서 괜찮은 커피를 홀짝이면서 보냈다. 제프 쿤스(Jeff Koons)의 일리(Illy) 컬렉션 광고를 감상하며 전화를 걸면서 말이다. 이곳의 선반에서 쿤스와 치치올리나(Cicciolina)의 춘화도를 볼 기대를 하는 것은 무리겠지.

내가 건 전화번호 중 한 군데에서 녹음된 음성이 흘러나온다. "비스밀라 히르 하흐람 이브라힘…." 그 뒤를 이어 어색한 영어 직역이 나온다. "신의 이름으로. 여기는 이란 국제 교환 센터입니다. 방금 거신 전화번호는 없는 번호이오니…."

볼링 나들이

이란, 테헤란

10월 26일 | 볼링장은 어느 나라를 가든지 즉석 인터뷰를 하기에 완벽한 장소다. 볼링 게임 자체가 상당히 길고, 볼링장은 시야가 트였으며, 다른 사람에게 말 걸기도 좋고, 다양한 성별과 연령대에 속한 사람들을 만날 수 있다.

그러나 테헤란에서는 그렇지 않다. 귀를 때리는 테크노 음악과 디스코 조명 때문에 인터뷰는 글렀다.

이중 신호
이란, 테헤란

10월 27일 | 시민에 대한 사랑이 넘치다 못해 노파심마저 느껴지는 디자이너의 거리표지판을 보라. 영어와 페르시아어로 쓰인 거리 이름 옆에는 보행자가 이 도시의 동서남북 어느 쪽에 있는지 알려주는 작은 그림이 있다.

그런데 테헤란은 북쪽으로 가면서 높아지는 산이 있어서 방향을 잃는 사람들은 거의 없다. 보행자의 위치를 알려주기 위한 부차적 이중 신호를 굳이 그려 넣은 디자이너의 욕망과 그것이 불필요한 주변 환경 사이의 멋진 긴장감이 느껴진다.

잘못된 선택이 초래할 결과

이란, 아브카르브(Ab karb)

10월 30일 | 도로변 식당에 앉아 커피를 마시면서 옆 테이블에 앉은 풍채 좋은 신사와 눈을 마주치지 않으려 애를 쓰고 있다. 이 사실을 그도 알고 있다는 것을 나도 알기 때문에 상당히 상황처리가 힘들다. 갑자기 말이라도 거는 건 아닌가 싶다.

우리는 테헤란과 아몰(Amol) 사이의 어느 지점에서 산을 끼고 도는 도로 위에 있다. 왼쪽으로는 이란에서 가장 높은 다마반드(Damavand) 산이 보인다. 높이가 5,600미터인 이 산이 오늘 우리 연구의 초점이다. 이란에서 보내는 마지막 이틀 동안 제대로 된 산에 오르겠다는 나의 포부가 이루어지지 않았다. 하지만 그 이유는 대부분 긍정적인 것들이었다. 운전사가 재미있는 흥밋거리를 자꾸 소개해서 삼천포로 빠지게 된 것도 있고, 또 어쨌든 이 시기에는

지난달에 있었던 일을 정리하고 다음 달을 위한 중요한 일을 결정하려고 계획해놓은 탓이기도 했다.

20분 전에 급한 용무가 생겼다. 나는 남성용 화장실과 여성용 화장실을 표시하는 두 개의 표지판을 마주쳤다. 물론 남성용 공중화장실을 페르시아어로 어떻게 쓰는지 알고 있었어야 옳았겠지만, 솔직히 말해 그럴 기회가 없었다. 문제는 부차적인 디자인 단서가 없다는 것이다. 성별을 연상시키는 색깔도 없고 냄새에 차이도 없으며(여성분들, 이 부분에서는 제 말을 믿으시라) 드나드는 사람도 없어서 어떤 문을 골라야 할지 알 수 없었다.

파란색은 남자, 빨간색이나 분홍색은 여자라는 고정관념에 대한 나의 거부감에도 불구하고, 이러한 색깔은 페르시아라든지 그 외 낯선 문화에서 곤란한 문제를 해결하는 데 큰 도움이 된다는 것을 인정해야겠다. 남자들은 보통 화장실에 들어서서 소변기가 있는지를 보면서 재확인을 한다. 그런데 이란 공중화장실은 남자용 소변기가 없다. 더구나 공중화장실의 변기는 쭈그리고 앉아 볼일을 보는 디자인이라서 정부가 시민들이 용변을 볼 때 취할 자세를 정해놓은 셈이다. 그래서 나는 동전을 던져 결정한 뒤, 들어가서 용무를 보고 뒤처리 후 그곳을 떠났다. 나오는 길에 풍채 좋은 신사가 반대편 문에서 나오는 것을 보았다.

공중목욕탕
이란, 레이네이(Reyney)

10월 30일 | 지열로 데워진 물이 쇠파이프 하나에서 팔각형 모양의 탕으로 쏟아진다. 물이 넘실거리는 가장자리에 발을 맞대고 엎드린 상태에서 현지인 한 명이 내 등을 힘차게 두드리기 시작한다. 팔각형 탕을 가로질러 체 게바라 스타일의 수염을 한 신사가 머리에서 발끝까지 샴푸로 거품을 낸 채 꼼짝도 않고 앉아 있다. 또한 내 왼쪽에서는 우리 운전사와 머리가 희끗희끗한 동네 사람이 삶과 축구와 그들 가운데 앉아 있는 외국인에 대해 대화를 나눈다.

이 공중목욕탕의 사회적 성격 때문에 예상했던 것보다 더 오래 머물렀다. 아브카르브 산촌에서 온 남자 주민들을 관찰하고 그들과 대화를 나눌 절호의 기회이기 때문이다. 중국이나 일본과는 달리 목욕탕이라도 전신 탈의는 허용되지 않는다. 그것이 바로 30분 전에 나를 마을로 안내하여 뭔가 적당한 목욕옷을 사도록 한 이유다. 20리알(2,500원) 정도 더 가벼워진 호주머니와 사타구니에 조잡하게 '스피도(Speedo)'라고 찍힌 헐렁한 수영복의 주인이 되어 가게를 나섰다. 사실 그 옷을 사고 기분이 상당히 좋아졌다. 다른 주민이 그 수영복에 눈독을 들이고 있었는데, 결국 내가 사게 되자 질투심에 얼굴이 붉으락푸르락했다.

탈의실은 벽감 안에 마련되어 있는데 탕 가장자리에서 1미터 정도밖에 떨어져 있지 않다. 2시간을 이곳에서 보내고 나중에 나갈 때 보니, 옷에서 꼭 스팀 다림질을 한 것 같은 느낌이 났다. 처음 몇 분간은 현지

목욕탕 예절을 관찰하는 데 보냈다. 모든 이들이 서로 "살람!" 하고 인사를 나눈다. 옷을 갈아입기 전까지는 탕 근처에서 밖에서 입은 옷이나 신발을 착용해도 괜찮다(일본에서는 절대 안 될 일이다). 그다음 일단 옷을 갈아입고 나면 새로 들어온 사람들은 팔각형 가장자리 중 아무도 없는 곳을 골라서 앉으면 된다. 옆 사람의 등을 밀어주거나 등을 밀어달라고 부탁을 해도 된다. 그런데 이상하게도 탕에 실제로 들어가는 사람은 아무도 없었다. 그저 플라스틱 바가지로 물을 떠서 몸에 퍼붓는 것이다. 물에 손을 넣어보니 그 이유가 분명해졌다. 물이 너무 뜨거워서 잠시라도 물속에 몸을 담글 수가 없었다.

런던에서 학교 다니던 시절에 여자 룸메이트와 나는 베스널 그린(Bethnal Green, 런던 동부의 한 지역 – 옮긴이)의 요크 홀 헬스 레저 센터에 가서 사우나를 하곤 했다. 그곳은 요일에 따라 입장 가능한 성별이 달랐다. 룸메이트가 하는 말이 여자들은 사우나를 할 때 묵묵히 혼자 볼일을 보고 나온단다. 반면 남자들은 상당히 사교적이었다. 어떤 이들은 사교적인 것을 넘어서 지나치게 가까워지려는 노력을 하기도 했다. 어떤 사람들은 여기에 연애할 동성을 찾으러 오기도 했다. 그러나 대체적으로 말해 이곳은 말을 붙이는 것이 금기시되지 않는 장소였다.

잡음 비율
일본, 도쿄, 다이칸야마

11월 5일 | 앞으로 나아갈 방향을 찾기 위해서 한국인, 미국인, 일본인 동료와 함께 회의를 열었다.

가면 놀이
일본, 도쿄, 시부야

11월 15일 | 즉석 시위자가 되어보았다.

태평양 일출

일본, 이즈 반도

12월 1일 | 7월과 8월이 되면 많은 핀란드 동료들은 최고 한 달까지 휴가를 받아서 자신들의 여름 별장으로 향한다. 나도 작년부터 이런 식의 재충전 시간을 갖기 시작했는데, 12월의 대부분과 1월의 일부를 휴가내고 가보지 못한 새로운 세계를 탐험하는 것이다. 1년 동안의 바쁜 출장 및 리서치 일정을 잠시 접어두고, 여러 가지 생각하고 싶은 것도 많고 글 쓰고 싶은 것도 많다.

다음 주에는 먼저 중국으로 갔다가 그다음 인도로 향하여 티베트와 히말라야 산맥의 고지대에서 시간을 보낼 것이다.

가족들을 만나고 일본의 알프스와 이 료칸에서 휴식을 취하고 있노라니 나의 여행길이 다시 시작된 것 같다. 태평양 위로 떠오르는 태양을 바라보거나 구름 위에서 잠을 깨서 삶과 우주

와 더 사소하게는 나의 리서치 작업의 의미를 생각해보는 것만큼 정신을 맑게 해주는 것도 없다. 이런 아침에는 좋은 아이디어들이 많이 떠오르는 보너스도 있다.

책상 위에는 막 끓인 커피가 마셔달라고 조르며 앉아 있다(상당히 맛있는 우간다 산 유기농 블렌드다). 말 나온 김에, 앞으로 며칠 동안 전화 공유 연구를 조사하러 우간다에 간다는 이야기를 해야겠다. 오늘은 다음 두 질문을 남기고 끝을 맺겠다. 우리가 소유한 모든 것 중에서 타인과 절대 공유하지 않는 물건은 무엇인가? 그 이유는?

아스팔트 위에 떨어지는 눈

핀란드, 헬싱키

12월 7일 | 핀란드로 짧은 연말 출장을 갔다. 토르니 호텔에서 팀과 함께 퇴근 후 회식을 했다. 올해 첫 눈이다. 모두들 발코니로 나왔다.

새벽 4시, 육체의 쾌락
중국, 청두

12월 11일 | 이번 여행의 중국 방문을 마무리하기 위해서 청두에 들렀다. 처음에는 별 생각 없이 잠시 들러 술집 단골들과 바둑을 두면서 시작했던 것이 수시간이 지나자 부어라 마셔라 판이 되었다.

어느 나라든 한탕 실컷 놀고 난 후 출출한 배를 채우면서 밤을 마무리하는 꼭두새벽 문화가 있다. 도쿄의 나이트클럽에서 질펀하게 놀고 난 후에는 뜨거운 라면 한 사발이 반드시 따라오고, 런던의 동쪽에서는 속을 잔뜩 채운 베이글 샌드위치, 크로이츠베르크(Kreuzberg)에서는 터키식 피자인 피데(pide)가 사랑을 받는다. 하지만 청두에서는 어떤 음식이 술꾼들의 허기를 달래주는지 알지 못했다.

택시 운전사는 텅 빈 거리를 한참 돌아다닌 후에야 드디어 적당한 음식점을 발견했다. 하기야 우리가 행선지를 계속 바꾸었으니 그의 잘못만은 아니다. 그렇지만 이른 아침 시간에 술집이 모여 있는 골목에서 우리를 태웠으니

어느 정도 우리가 횡설수설하리라는 것은 예상을 했을 것이다. 어차피 미터기는 시간에 따라 재깍재깍 올라가고 있었으니 그가 손해 볼 것은 없었다. 청두의 겨울, 그것도 새벽 3시에 음식점 선택의 폭은 그다지 넓지 않았고, 우리가 찾아간 야간 영업점들이 문을 닫은 적도 여러 번이

었다. 우리는 결국 파란색 싸구려 플라스틱 테이블이 줄지어 놓인 곳에 차를 세웠다. 테이블 위에는 똑같이 생긴 티슈 상자와 나무젓가락이 꽂혀 있는 컵이 있었다. 테이블의 획일적인 모습은 도로에서 약간 떨어진 곳에 있는 여섯 군데의 작은 노점 식당들이 손님을 끌기 위해 경쟁하는 모습과 너무나 대조적이다. 호객꾼이 택시 문을 열고 우리를 어느 테이블로 인도하려는데 스스로 선택하는 것을 좋아하는 두 명의 여자 동행들이 무시하고 다른 곳으로 갔다. 식당으로 내려가는 계단이 너무 미끄러워서 사고가 일어나는 건 시간문제 같았다.

먼저 뜨거운 물 한 잔이 나왔다. 곧이어 굳은 기름이 둥둥 뜬 돼지 발목 수프가 나왔는데 기름 위로는 뼈와 인대가 삐죽이 튀어나오고 흰 콩 하나가 떠 있다. 드디어 마지막 요리가 나왔다. 껍질을 벗긴 살과 뼈 덩어리 세 개가 똑같은 모습으로 고추기름 탕 속에서 무심한 듯 밖을 내다보고 있었다. 나는 한참 고민을 한 후에야 그것이 무엇인지 알아보았다. 중국의 식사 시간에 누릴 수 있는 즐거움 중 하나는 재료와 준비 방법이 유럽식 음식과 너무나 다른 이곳 음식의 정체를 맞추는 일이다.

치아의 형태와 주둥이 쪽을 보고 알았다. 함께 간 동료 한 명이 담담하게 웃으면서 '쥐 머리 찌개'라고 말해준다. 그다음, 그는 일회용 장갑을 끼고, 쥐 머리 하나를 골라 든 뒤 턱 부분을 꺾고서 이렇게 이른 시간에 보기 쉽지 않은 부지런함으로 뼈에 붙은 고기를 빨기 시작했다. 그 모습을 보며 수년간 음식에 익숙해지면 잘 요리된 쥐나 돼지나 소나 가재나 큰 차이가 없다는 것을 깨달았다.

확신할 수는 없지만, 만약 이 모든 일에 완벽한 미래와의 연결고리가 있다면, 그건 아마 식사하면서 동료가 사용한 비닐장갑이라는 생각이 든다. 쥐 머리 찌개를 먹는 일은 손이 쉽사리 지저분해지기 때문에 비닐장갑의 사용이 당연한 것처럼 보인다. 하지만 어떤 문화에서는 살을 발라 먹는 것을 돕는 다른 방법이 고안될 수도 있다는 생각이 든다. 물론 그저 앞치마를 두르고 손을 사용한 뒤 나중에 손을 씻는 것도 또 다른 방법이겠다.

쥐 머리나 가재를 먹는 것이든, 자동차 오일 필터를 가는 것이든, 아니면 모아놓은 디지털 음악을 정리하는 것이든, '더러운' 것과 '깨끗한' 것을 가르는 처리 작업 과정에서 '지저분'해지는 단계를 반드시 거쳐야만 할까? 우리가 음식을 다루는 방법에서 보이는 문화 차이는 소지품이나 의복을 다루는 방법에서도 나타날까? 강력한 소지 문화의 시대에 한 번쯤은 던져볼 만한 질문이리라.

제2의 집
칭하이-티베트 간 열차

12월 12일 | 칭하이-티베트 간 열차를 타고 청두에서 라싸로 가는 데 48시간 3분이 걸린다. 승객들은 기차에 오르기 전에 건강에 큰 문제가 없고 의학적으로 높은 고도에 있어도 괜찮을 정도로 건강하다는 확인서에 서명해야 한다. 기차가 지나가는 가장 높은 산맥은 5,000미터인데

고산병은 보통 고도 3,500미터부터 시작된다. 동의서 양식에는 "매우 위험한 임산부 같은 병에 걸렸을 때 여행객들은 고원 지역으로 여행하기에 적당하지 않다"라는 식으로 영어로 대충 번역(물론 오역)되어 있다.
 다행스러운 소식은 열차로 12시간 동안 여행을 하고 나서도 '매우

위험한 임산부'에 감염되지 않았다는 사실이다. 그러나 부업으로 다양한 물건을 파는 식당차 여종업원을 상대해야 했는데, 그 여자는 몇 시간마다 한 번씩 매번 다른 종류의 물건 바구니를 들고 내 열차 칸 문 앞에 나타났다. 자석 장신구는 평범했지만, 그녀가 철 솔로 문질러서 얼마나 질긴지 보여준 초강력 양말은 나도 잠시 솔깃했다.

이틀 동안 열차의 침대칸이 내 집이었다. 그 침대칸 안에는 네 개의 침대가 있었고 나는 그중 하나를 썼다. 지금은 비수기라서 침대칸 전체가 내 차지였다. 티베트는 단체 여행객만 갈 수 있기 때문에 작년 청두에서 여행사 직원을 통해 급하게 여행팀 하나를 꾸렸다. "표 여기 있어요. 좋은 여행 되세요." 기차는 현대적이었다. 침대칸 내부에는 전기 콘센트가 있고 침대마다 있는 평면 TV에는 중국 영화가 나온다. 다행히 영화는 여행이 시작되고 한 30분 후

에 꺼진 뒤 다시는 켜지지 않았다. 내 옆 칸에 탄 라싸로 휴가를 보내러 가는 중국 신사들은 줄담배를 피우고, 귤을 먹으며 카드놀이를 하고 있다. 카펫이 깔린 바닥에는 그 중국 신사들이 내어놓은 쓰레기가 가득하다. 내 칸으로 넘어오기까지는 오래 걸리지 않을 것 같다.

여행 자체는 환상적인 경험이었다. 달빛 아래 잠을 깨기도 하고, 얼어붙은 스텝 지대(러시아와 아시아의 중위도에 위치한 온대 초원 지대-옮긴이)나 별이 쏟아지는 밤하늘은 잊을 수 없는 광경이었다.

기차 안에서 나는 쉭쉭거리는 소리가 무엇인지 궁금하신가? 고도가 너무 높은 관계로 열차에 파이프로 산소를 공급하는 소리다.

기차가 라싸 역으로 들어서자 차량을 청소하는 직원들이 플랫폼에서 일어선다. 그들이 들고 있는 밀대와 빗자루는 마치 가장행렬 속 무기 같다. 공항에서는 여러 줄로 늘어선 미화원들을 자주 볼 수 있다. 무슨 이유에선지 그들은 바람이 심하게 부는 환경에 걸맞지 않게 늘 얇은 옷을 입고 있다. 중국이라는 나라는 예상 밖의 반전을 자주 보여주는 경향이 있다. 한밤중에 청두 공항에 도착하여 잠들어 있는 거대한 동방항공 비행기들의 그림자 아래 활주로 바닥을 자전거를 타고 일렬로 가로지르는 미화원을 본 것도 그중 하나다.

우리가 라싸에 도착하기 바로 직전에 여종업원이 돌아와서 딸기향 밀크티와 중국어로 된 기차 시간표를 팔려고 시도했다.

다음 며칠 동안은 야크 호텔이 내 집이 된다.

라싸에 올 일이 있다면 이곳을 추천한다.

가래가 바닥에 떨어지는 소리

티베트, 라싸

12월 14일 | 눈을 감고 가만히 귀를 기울이면 옆방에서 커다란 차이 주전자가 끓는 소리가 들릴 것이다. 화덕과 주인장은 보이지 않지만 흐릿한 그림자가 우리 사이를 가르는 복도에 드리워져 있다. 곧 그는 함박웃음을 지으며 나타나더니 복도 선반 위에 보온병 두 개를 얹어놓고서

다시 부엌으로 퇴장한다.

　이른 아침 2시간 동안 라싸의 뒷골목을 배회한 후 배를 채우기 위해 작은 차이 가게로 들어갔다. 빨간 옻칠을 한 나무 벤치 세 개가 뒷벽을 마주하고 있었다. 좀 더 정확하게 말하자면 뒷벽 오른쪽 구석에 매달려 있는 TV를 향하고 있다는 것이 맞겠다. 몇 시간 전에 이곳은 발리우드 영화가 큰 소리로 방영되는 TV 앞에 동네 주민들이 빼곡하게 들어찼었으리라. 그러나 이제는 TV가 우두커니 방에 홀로 매달려 고요 속에서 방의 풍경을 흐릿하게 비추고 있다.

　내 바로 오른쪽에는 세 명의 허드레꾼이 앉아 있다. 그중 둘은 굳은 살이 심하게 박힌 손에 얼굴은 높은 고도의 햇볕에 까맣게 탔으며 나이는 30대 정도 된 것 같다. 그들과 함께 앉아 있는 또 다른 사람은 앳된 얼굴을 한 10살 정도 된 아이다. 그들 앞에는 긴 의자가 있는데, 세 사람이 좁은 공간을 최대한으로 이용하여 침대 삼아 잠을 자고 있었다. 허드레꾼은 내가 안으로 들어가자 고개를 들더니, 목례를 하고 다시 차이와 담배로 관심을 돌린다. 아이도 역시 담배를 피우고 있다.

　아침, 이 시각에는 선택할 수 있는 메뉴가 두 가지다. 큰 보온병에 든 차이와 작은 보온병에 든 차이. 손짓만으로도 혼동 없이 쉽게 주문할 수 있다.

　눈을 감자 그 공간만이 가지는 특유의 소리가 점점 선명해진다. 세상의 풍파에 무뎌진 입술조차도 열기에 움찔할 만큼 뜨거운 음료를 작은 유리컵에 부어 입을 대고 반복하여 후루룩 마시는 소리가 들린다.

소리의 중간중간에는 규칙적인 간격으로 금방 다시 끓인 차이가 빈 유리컵 바닥을 때리는 소리가 들린다. 헛기침으로 가래를 목에서 제거하여 바닥에 뱉는 소리도 반복적으로 들린다. 곯아떨어진 사람 중 하나는 부드럽고 조용하게 코를 골고 있는데, 기름이 다 떨어진 라이터를 켜려고 안간힘을 쓰는 아이 때문에 그의 수면 패턴이 날카롭게 끊어지곤 한다.

말을 하는 사람은 아무도 없다. 밖에는 도시가 잠에서 깨어나고 자전거가 끄는 인력거에 달린 방울이 딸랑거리며 지나간다.

내 오른쪽 벽을 뒤덮은 것은 근처 산에서 찍은 라싸의 파노라마 풍경이다. 이 포스터를 만든 디자이너는 배려 깊게 가장자리를 나무 액자로 둘러놓았다. 또 다른 벽에는 스케이트보드를 탄 중국 청소년이 우리를 내려다보고 있다.

라싸에서 1위안(150원 정도)이면 보온병에 담긴 뜨겁고 달콤한 차이와 추억 한 조각을 살 수 있다.

직업을 위해 위험을 무릅쓸 각오
중국, 청두

12월 20일 | 고등학교 독어시간에 귄터 발라프(Günter Wallraff)와 그의 직업에 대해서 배웠다. 그는 뛰어난 탐사보도기자로서 자기 일을 성실히 수행하기 위해 온갖 위험을 무릅썼다. 그의 직업은 당시 처음 들어본 것이었지만 나는 진정으로 그것을 이해할 수 있었고 일반적인 직업과는 다

른, 더 큰 의미가 있는 일이라고 느꼈다. 오늘 생각의 주제는 이것이다.
 당신의 일을 성실히 수행하기 위해 얼마만큼의 위험을 무릅쓸 각오가 되어 있는가?
 나는 나의 일을 성실히 수행하기 위해 얼마만큼의 위험을 무릅쓸 각

오가 되어 있는가?

  오늘 청두 중심가에는 가벼운 안개가 꼈다. 도시의 산업 지구를 많이 다녀왔다. 내일 일본으로 돌아간다. 거기서 아내 게이코를 데리고 생활용품과 갈아입을 옷을 싸서 다음 여행지로 갈 것이다.

늘이고 줄이기

인도, 시킴(Sikkim) 주 강토크(Gangtok)

12월 24일 | 히말라야 산맥 끝자락에서 한 해를 마감하고 있다. 낮에는 게이코와 오랜 시간 산책을 즐기고, 높은 고도로 기온이 급격하게 떨어지는 밤이 찾아들면 게스트하우스로 돌아가 책을 읽는다. 누군가가 친절하게도 뜨거운 물병을 침대 속에 넣어놓았다. 이것과 함께 벽난로에

타다 남은 장작 덕분에 겨울밤이 포근하게 느껴진다.

  올해 연구 일정은 혹독하게 바빴으며 힘든 시기에도 잘 인내해준 친구들, 동료들, 현지조력자들, 안내인들에게 감사드린다. 길 위에서 겪는 놀라운 삶의 경험들이나 흥미로운 기후 속에서 복잡한 프로젝트를 하면서 생기는 스트레스와 중압감을 감당해내는 데는 집에서 기다리는 사랑하는 이의 존재가 큰 힘이 된다. 나의 정서적 중심을 잡아주고 새

로 힘을 북돋아주기 때문이다.

　예전에 나는 스스로 두 가지를 약속했다. 적어도 1년의 80퍼센트 동안 긍정적인 경험을 하지 않으면 다른 곳으로 옮길 때라는 신호로 받아들이라는 것이다. 그것이 매일 하는 일이든, 타지에서의 연구든, 내가 묵는 도시나 산중의 게스트하우스든, 그 무엇이든 상관없다. 수년간 현장에서 생활하다 보면 연구는 살아서 생명력을 얻는다. 그래서 스스로 계속되기도 하고 혹은 다음 단계로 넘어갈 때라는 것을 알려주기도 하며, 다음 장소로 우리를 이끌기도 한다. 도쿄는 아직도 나에게 계속 머무르라고 말한다.

　6년 전 사회생활 초년병 시절에 내가 가장 잘한 일은 도쿄로 이사 온 것이다. 흥미로운 고객들과 흥미로운 대화를 나누고 세계 최첨단 리서치 프로젝트를 진행하는 기회를 얻었지만, 다른 연구원들이나 내가 알고 있다고 믿어온 것으로부터의 거리 역시 큰 도움을 주었다. 단순히 여태껏 해온 방법에 의존하지 않고 모든 측면에서 무엇이 필요한지 늘 생각할 수밖에 없는 상황에 놓이게 된 것이 기존 관습을 재창조하고, 그 덕분에 많은 기업을 내 고객으로 만들 수 있었다.

　우리는 모두 '도쿄로 이사 가는 순간'을 경험한다. 오랜 기간 수많은 사람들이 걸어간 구불구불한 산길로 천천히 내려오기보다는, 믿음을 가지고 미지의 공간으로 뛰어들어 지름길로 곧장 데굴데굴 굴러 내려오는 경험 말이다. 눈물이 나도록 아프지만, 그 고통은 학습의 순수한 형태이리라.

올해를 마감하는 질문 두 가지.
어디에서 가장 많이 배울 수 있을까?
그렇다면 왜 지금 그곳에 있지 않은가?

2005

목요일의 통근 시간
일본, 도쿄, 시부야

9월 25일 | 나리타 익스프레스의 첫차를 타면 퇴근하기 위해 새벽 첫 열차를 기다리는 도쿄 시민들을 만날 수 있는 장점이 있다.

    이제 나는 서울로 간다.

내가 아는 것이 무엇인지 나는 알고 있다. 지금부터는 모르는 것을 알아내기 위해 며칠 투자할 차례.

경비 청구
한국, 서울

9월 25일 | 호텔 엘리베이터에 나의 양옆으로 동료 얀킹과 영희가 탔다. 우리는 다큐멘터리 영화를 찍기에도 충분할 만한 촬영 도구들을 함께 나르는 중이다. 그러고 보니 포르노 영화를 찍느냐는 오해를 받을 수도 있겠다. 우리 뒤를 따라 엘리베이터에 오른 두 남녀가 약간 긴장한 듯 보이는 이유도 바로 그 때문인가 보다. 모두 어딘가 다른 곳을 보고 있다.

앞으로 며칠간 우리가 살 집은 러브호텔이다. 우리가 가야 할 곳과 가깝기도 하거니와, 대기업이 운영하는 비슷한 규모의 호텔보다 훨씬 흥미롭기 때문이다.

이곳은 안락한 시설이 장점이다. 그리고 우리가 쓸 방은 목욕 시설만큼은 최상이다. 남녀가 물에서 놀고 싶은 마음이 동하도록 디자인되어 있다. 룸서비스도 거의 없어서 육체적 쾌락에만 집중할 수 있을 듯하다. 반면 조명은 파티용에서 은은한 무드용까지 입맛에 맞게 조절할 수 있다. 물론 한국이니만큼 이 방에도 초고속 인터넷이 설치되어 있다.

단점이라면 옷을 걸 공간이 마땅치 않다는 것이다. 그리고 얇은 벽 너머로 들려오는 어느 남녀의 다툼 소리가 1시간째 계속되고 있다. 끊어졌다가 시작되기를 되풀이하는 고함보다는 섹스의 리듬에 맞춰 일하는 편이 더 나을 것 같다.

손으로 흘려 쓴 영수증들이 눈에 띈다. 경비를 청구할 때 재미있겠군.

작업을 걸지 말아야 할 때
한국, 서울

9월 30일 | 오늘 아침 나의 사무실은 2층짜리 커피숍이다. 전날 밤에 신촌이나 상수동 어딘가에 있는 나이트클럽에서 신나게 놀다가 술을 깨려고 와서 앉아 있는 젊은 녀석 다섯 명을 빼면 가게는 한산하다. 그들은 비스듬히 기대앉아서 신발을 벗고 발을 소파에 올려놓은 채, 담배를 피우고 문자를 보내고 잡지책을 뒤적이며 서툰 영어를 한국말에 섞어 떠들고 있다.

말 걸고 싶은 유혹을 참아냈다.

소박한 즐거움
한국, 서울

9월 29일 | 연구 작업에 점점 속도가 붙고 있다. 열심히 준비한 덕분이다. 서울은 지하철로 돌아가는 도시인만큼 마지막으로 거리와 지하철에서 시간을 좀 보내기로 했다. 사람들에게 둘러싸여 현지의 리듬을 듣고 거기에 발을 맞추는 것은 즐거운 일이다. 가끔 다른 사람이 되어 우리 팀을 하루 동안 따라다녀보고 싶을 때가 있다. 한량이나 소매치기 무리로 보일지도 모른다. 아니면 잠복근무를 하는 형사들로 보일까?

늘 새로운 시각으로 사물을 보려고 애를 쓴다. 나는 다른 이들보다 앞서 가거나 뒤처져 가기도 하고, 지하철 칸을 옮겨 다니기도 하면서, 상황에 몰입하고 이탈한다. 기차역 한복판으로 가서 표시판과 기반 설비시설을 관찰했다. X라는 일을 할 때 실제로 어떤 사용자 경험을 하게 되는가? 내가 관찰한 것이 정확한가? 한 번 더 살펴본다. 나중에 자료 영상을 보다 보면 종종 놀랄 때가 있다.

세 번째이자 마지막
미국, 로스앤젤레스 중심가

10월 9일 | 다시 도쿄로 돌아가기 전에 머물렀던 미국 도시 세 곳 중 마지막 도시.

두근거림
일본, 도쿄, 메구로

11월 17일 | 한동안 되돌아오지 못할 사무실을 나서면서 느끼는 작은 두근거림은 회사를 그만두는 마지막 날의 기분과 닮아 있다. 순수한 해방감. 미래에 대한 약간의 염려. 알지 못하는 그 무언가를 포용하겠다는 자신과의 약속.

그곳에서
일본, 도쿄, 시나가와

11월 23일 | 긴자에서 시부야까지 자전거를 타고 달렸다. 술집에서 나와 집으로 향하는 사람들의 모습이 보인다. 여기는 일본. 파친코 오락실을 광고하는 커다랗고 귀여운 동물들도 당연히 눈에 띈다. 오늘 밤, 기업 할복(회사가 불미스러운 일에 대한 도의적 책임을 지고 문을 닫는 것-옮긴이)을 목격했다.

Seven Nine Eight
중국, 베이징, 다산쯔(大山子)

11월 30일 | 리서치 작업의 다음 단계를 논의하기 위해 헬싱키에서 온 동료들과 베이징 현지 동료들을 데리고 이틀간 워크숍을 열었다.

자전거 도시
중국, 베이징 곳곳

12월 2일 | 프로젝트의 흐름에 방해만 되지 않는다면 제일 처음 하는 일 중 하나는 팀과 함께 근처 자전거 가게로 가서 팀원들이 탈 자전거를 고르는 것이다. 중국에서는 130위안(약 2만 2,000원) 정도면 새 자전거를 손에 넣을 수 있고, 손잡이에 브레이크가 달린 검은색 프레임의 자전거일 경우 330위안(약 5만 8,000원) 정도가 필요하다. 자전거를 타고 이동하는 방법은 간편하고 재미있을 뿐 아니라 많은 지역을 돌아다닐 수 있다. 또한 흥미로운 상황을 알아차리기 쉬우며, 상황에 따라 재빨리 내려서 사람들과 소통하기에 안성맞춤이다.

인도의 경우 가격대가 중국과 비슷한 반면, 다른 곳에서는 돈이 좀 더 든다. 예를 들어 샌프란시스코 같은 곳에서는 일주일 동안 자전거를 대여하는 데 100달러(약 10만 원)가 든다. 뉴욕은 그보다 조금 더 저렴하지만 자전거 안장을 도둑맞거나 하여 그것을 물어주고 나면 결국 비슷해진다. 서울은 자전거 문화가 활성화되지 않은 보기 드문 도시다.

어떤 도시들은 자전거를 타고 싶을 만한 환경이 잘 조성되어 있지만 그렇지 않은 곳도 많다. 방콕의 출퇴근 시간, 꽉 막힌 길에서 차량 수천 대가 뿜어내는 매연과 에어컨 때문에 발생한 뜨거운 열기 사이를 자전거를 타고 달리는 것은 결코 유쾌한 일이 아닐 것이다. 중국에 있는 도시들의 경우 위험 부담이 있다. 사람들이 앞에 있건 말건 차들이 마구 속력을 내니 말이다. 또, 하노이는 혼돈의 도시처럼 보이지만 일단 도시

의 리듬에 맞추어 움직이기 시작하면 괜찮아진다.

안전 문제? 나는 아슬아슬한 순간이 닥칠 때마다 외국인을 들이받으면 재수 없다고 주문을 외듯 소리친다. 보험료가 치솟고 번거로운 행정 절차의 늪에 빠질 테니 말이다. 그러면 다들 S자로 휘청거리며 피해가거나 가속페달에서 발을 떼기 마련이다.

호기심 많은 연구원이 타국 도시에서 자전거를 타고 리서치를 하려면 자전거를 꽤나 잘 타야 한다. 특히 한꺼번에 여러 일을 수행하면서 여정에 대한 기록을 남겨야 할 때는 더욱 그러하다. 이따금 자전거를 타는 조사 참여자를 대상으로 연구하기도 하는데 그렇게 되면 우리도 자연스럽게 자전거를 타게 된다. 물론 움직이는 자전거 위에서 사진이나 동영상을 제대로 찍기가 힘들지만 카메라가 움직이지 않게 고정시키는 다양한 형태의 집게가 있으니

크게 걱정할 일은 아니다.

  나는 이번 여름에 묵직한 검은 페이허(날아가는 비둘기라는 의미로 중국의 유명한 자전거 상표명-옮긴이) 자전거를 샀다. 그러고 나서 천안문 광장을 출발지 삼아, 도시의 발달 과정을 보여주듯 도시를 둘러싼 다섯 겹의 원형 도로를 따라 페달을 밟아 나갔다. 주택가와 시장을 이곳저곳 가로질러 도시 외곽에 다다르자 풍경은 공장과 새로 지은 첨단기술 단지로 바뀌었고, 그곳을 지나고 나니 곧 기숙 시설이 보였다. 이렇게 구불구불 한 시간 반 정도 더 달리자 들판이 처음 나타났다. 그 다음부터는 가끔 작은 마을이 잠시 보일 뿐 날이 저물도록 드넓은 들판이 계속 펼쳐졌다. 하루를 마감하는 시간이 가까워지고 땅거미가 내렸을 때 나는 어떤 마을에서 자전거를 멈추었다. 길가에 나란히 앉아 있는 촌로와 그의 딸이 보였다. 나는 자전거에서 내린 뒤 함박웃음을 머금고 자전거 열쇠를 그 노인에게 건넸다. 그리고 지나가는 차를 얻어 타고 도시로 되돌아왔다. 나중에 동료한테 들어서 알게 된 이야기인데, 중국 농촌 지역에서는 자전거를 지참금 일부로 보낸다고 한다.

  어제는 자전거 한 대를 새로 샀다. 정확히 말하자면 친구와 함께 가서 하나씩 샀으니 두 대가 맞겠다. 자전거 수리공이 조립하는 동안 나는 가게 안 이곳저곳을 기웃거렸다. 이런 종류의 가게에서 흔히 볼 수 있는 장비들 옆에 납땜인두가 벽에 걸려 있었다. 보통의 자전거 수리나 뒷좌석을 땜질해 붙일 때 사용하는 도구다. 생각해보니 자전거에 이렇게 추가로 붙여놓은 뒷자리에 앉아 추위에 떨며 등교하는 어린 학생들

을 본 적이 있다.

인두를 보니 두 가지 생각이 떠올랐다. 첫째, 제품이 판매되는 가게나 유통 경로가 시간이 흐름에 따라 점점 바뀐다는 사실이다. 예를 들어 전기 자전거가 중국에서 유행인데 오토바이와 닮은 점도 있고 자전거와 비슷하기도 해서, 오토바이 대리점과 자전거 대리점 두 곳 모두에서 살 수 있다. 둘째, 기계적인 것에서 전기적인 것으로 옮겨간다는 것은 전자를 이용하는 데 필요한 기술이 쇠퇴하게 되고 후자를 위해 새로운 기술이 필요하게 될 것이라는 점이다.

수리공이 자신의 가게에서 파는 제품에 문제가 생겨도 더 고칠 수 없게 될 때는 어느 단계부터일까? 예전에 비공식적인 수리(修理) 문화에 대해 연구를 하던 중, 휴대폰 같은 대량 생산품을 수리하는 사업 기회가 포착되었다. 그러나 다른 한편으로 쓰레기장이나 재활용 상자에 수북이 담긴 전자 회로판을 보면 반드시 그런 것 같지도 않다. 물건 수리 능력은 가격에 매우 민감한 시장에서 특정 제품의 인기에 어느 정도 영향을 미칠까? 초대형 가전 마트에서 전기 자동차를 팔게 될 날은 언제쯤일까?

보온병 마개 소리
중국, 베이징 중앙역

12월 4일 | 오늘 아침 나의 사무실은 베이징 중앙역 2층에 위치한 특색 없는 대기실이다. 열차를 기다리는 승객 세 명과 할 일이 없는 종업원 아줌마 두 명이 TV를 시청하고 있다. 승객 중 두 명은 대기실에 붙어 있는 금연 표지판을 까맣게 잊은 듯 담배를 피우고 있고, 나머지 한 승객은

커다란 라면 한 사발을 막 끝낸 후 기분 좋게 이를 쑤시는 중이다. 구강 청결이 중요하다는 것은 우리 모두 잘 알고 있지만 이렇게 가까이에서 보고 있으려니 속이 약간 거북해진다.

공산주의 국가 중국에서 'VIP' 라운지가 없는 곳을 찾아보기가 오히

려 힘들다. 스키 리조트나 공항에서부터 오늘 내가 앉아 있는 기차역에 이르기까지 남달라 보이고자 하는 욕망이 넘쳐흐른다. 어쩌면 과시의 욕망이 세계에서 가장 팽배한 곳일지도 모르겠다.

대기실에 들어오려면 커피를 사야 한다. 종이컵에 인스턴트커피 한 봉지를 붓고 보온병에 들어 있는 뜨거운 물로 커피를 타면 된다. 보온병 마개는 적절히 낡아서 마개를 열면 여태껏 들어본 중 가장 부드러운 '펑' 소리가 난다. 그다음 속에 들어 있는 김이 무럭무럭 나는 내용물을 컵에 따르면 끝이다.

종업원 아줌마들은 내가, 흔히 '네스카페 프리믹스'라고 불리는, 카페인, 설탕, 분유 혼합가루를 조금 흘렸다고 친절히 알려주며 한 봉지를 더 권한다. 여행용으로 하나를 더 사라는 것일까, 아니면 같은 컵에 한 봉지를 더 넣어 진하게 마시라는 것일까?

기차역 밖은 춥고 약간 혼잡하다. 나는 짐 가방을 무기 삼아 어슬렁거리는 예닐곱 명 사이를 뚫고 지나왔다.

창밖은 아직 어슴푸레한 새벽, 겨울의 추위가 느껴진다.

대기실 문 밖에는 백여 명이 넘는 여행객들로 붐비지만, 분위기는 대체적으로 가라앉아 있다. 그들 중 상당수는 이곳에 오기 위해 한밤중에 집을 나섰으리라. 이들은 몽골 횡단 열차의 입구에서 기다리고 있다. 적어도 내 추측은 그러하지만, 나의 중국어는 형편없고 표지판은 제대로 붙어 있지 않으니 모를 일이다. 베이징과 울란바토르를 연결하는 이 열차는 밀수꾼이 득실대는 것으로 유명하다. 나는 옆에 있는 승객을 보며 누가 어떤 물건을 어디로 밀수하는 것일지 상상해본다. 혹 내 짐가방 속에 든 물건들 중에서도 밀수품으로 간주할 만한 것이 있는지 생각해봐야겠다.

국경을 통과한 경험 중 가장 기억에 남는 것은 고개를 따라 과테말라에서 멕시코를 건넌 일이다. 일거리를 찾아 멕시코 국경을 넘으려고 치치카스테낭고(Chichicastenango, 과테말라 중서부의 도시-옮긴이)에서 올라온 막

노동꾼으로 북적거리는 트럭을 타고 오늘처럼 새벽 3시에 출발했다. 국경에 도달했을 무렵 해가 지평선 위로 고개를 빼꼼히 내밀고 있었지만, 산에 엉긴 밤안개는 아직 걷히지 않은 상태였다. 인부들은 트럭에서 내려 걸어서 국경선을 지나, 다시 그들을 기다리고 있는 다른 트럭 한 대 위로 모두 올라탔다. 나는 다음 차를 기다릴 수밖에 없었다. 콧수염을 기르고 거울 같은 선글라스를 쓴 뚱뚱한 멕시코 세관 공무원이 초소같이 생긴 자신의 사무실로 나를 안내했다. 책상 뒤의 벽에 걸린 큼직한 엽총이 액자에 든 증명서나 그의 제복보다도 그의 권위를 실감 나게 보여주었다. 속이 빈 강정처럼 우스운 권위일까? 아니면 속이 빈 HP 탄(탄자 앞부분이 움푹 안으로 파인 탄으로, 충격 시 버섯 모양으로 벌어져 내상을 심하게 줌-옮긴이)처럼 무서운 권위일까? 그가 실제로 그 총을 사용할 것 같은 상황이 상상되지 않았다. 그는 내 짐 가방을 뒤지면서 폭탄이라든지 코카인에 대한 농담을 늘어놓으며 웃어댔다. 나에게 그것은 바로 권력과 그것이 내포하는 의미를 실제로 이해하게 된 최초의 순간이었다. 벌써 10년도 더 된 일이지만 나는 아직도 어제 일처럼 생생하게 기억한다.

하지만 오늘 자민우드를 통과하여 몽골로 입국할 때는 걱정할 것이 하나도 없다. 나의 소지품 중에서 밀수품으로 오해받기 가장 쉬운 품목은 여러 대의 카메라를 비롯해 다양한 종류의 자료 수집 장비들인데, 대부분을 베이징에 두고 왔다. 한 사람이 가지고 다니기에 전혀 수상하지 않을 정도로 내 짐은 단출하다. 게다가 하드 디스크는 다 암호화되어 있으니 걱정 없다.

갇히다
중국과 몽골의 접경 지역, 자민우드

12월 5일 | 자정이 조금 못된 시간에 중국 궤간에서 몽골 궤간으로 바뀌는 바람에 다들 갈아타거나 꼼짝없이 열차 내에서 기다리게 되었다.

자금 시장
몽골, 울란바토르

12월 6일 | 컨테이너 시장에서 토모르친 구다미(Tomorchiin Gudamj)까지 얼마 되지 않는 거리를 걷다 보면 줄지어 주차된 차들이 보인다. 이곳이 바로 외환 시장이다. 각 차들의 계기판과 앞 유리창 사이에는 루블, 엔, 달러, 위안화 등 다양한 통화 뭉치가 곱게 접혀 끼워져 있다.

차는 실용적 형태의 환전 장소다. 따뜻하게 일을 볼 수 있고, 꽤 안전하며, 단골손님들이 쉽게 알아볼 수 있다(고객들은 대부분 이 동네에 산다). 한 가지 아쉬운 점은 환율 고지판이 없어서 고객으로서 어떤 환전상을 먼저 선택해야 할지 알아내기가 힘들다는 것이다. 단지 환전상들이 체계적이지 못하거나 환율 변동이 지나치게 심해서 그런 것 같지는 않다. 혹시 환전 행위는 합법이지만 그것을 광고하는 행위는 불법인 것은 아닐까? 아니면 손님이 차 창문으로 다가와서 흥정할 수밖에 없도록 하려는 작전일까? 어쩌면 환율 비교를 어렵게 하려는 심산일지도 모른다.

참고 메모
몽골, 울란바토르

12월 7일 | 통역이 어떤 문제를 술술 풀어 나갈 때는 그저 옆에서 굿이나 보고 떡이나 먹을 것.

울란바토르에서 영하 30도를 밑도는 겨울밤 나이트클럽으로 초대를 받으면 먼저 독한 보드카로 위장에 군불을 땔 것.

한 가지 더. TV를 켰을 때 할리우드 영화에 박자가 엇나가는 자막이 나오면 (알고 보니 다른 영화의 자막이었다), 십중팔구는 방송국에서 불법 복제 DVD를 틀어준 것.

자료 공유
몽골, 울란바토르

12월 10일 | 울란바토르를 돌아다니다가 사원 경내에서 축구를 하는 수행승들을 우연히 만났다. 이들은 몸을 녹이고 가라며 나를 안으로 초대했는데 알고 보니 다 이유가 있었다. 내 휴대전화 메모리에 저장된 자료를 공유하고 싶어했다. 다양한 파일 중에서도 특히 그들의 관심을 끈 것은 일본 여인들의 사진이었다.

외국인 통제 지역
중국, 청두

12월 12일 | 티베트 여행 허가증을 받기 위해서 청두에 잠시 들렀다. 티베트에서 외국인들은 단체 여행 허가만 가능한지라 부랴부랴 단체 관광객 틈에 들어가기로 했다(체크인하는 곳에 여행사 직원이 있어서 간단히 문제를 해결했다. 라싸에 도착해서 관광안내원을 따돌리는 것은 식은 죽 먹기니까).

그러고 나자 반나절 정도 시간이 남아서 중국에서 가장 큰 기술 시장 중 하나인 이 도시에서 통역과 함께 거리에서 파는 최신 복제품들을 구경하기로 했다.

기내 서비스
쓰촨 성 위의 하늘 어딘가

12월 13일 | 비행기 창밖으로 산맥과 빙하로 이루어진 티베트 고원이 흘러간다. 참으로 평화로운 풍경이다.

시끄러운 중국 유행가를 사랑하는 누군가가 3U8657 여객기의 기내 엔터테인먼트 서비스를 완전히 접수했다. 좌석 앞의 작은 화면 안에서는 길게 늘어진 가운을 입고 얇은 칼을 든 여인들이 산과 들판을 뛰어다닌다. 기내방송 스피커에서도 같은 음악이 흘러나온다.

옆자리에 앉은 신사는 비행기 여행을 자주 하는 사람이 아닌 듯하다. 그 양반은 노래를 따라 부르며 후렴구에 가서는 열정적으로 발을 구르기도 한다. 하지만 가사의 대부분은 즉석으로 지어내서 부르는 것 같다. 통로 끝에서 빨간 부츠를 신은 세 명의 승무원들이 3분 동안 절묘한 춤 솜씨를 선보이자 신사는 무척 신이 난 모양이다. 그를 비롯한 다른 많은 승객이 함께 손뼉을 치며 즐거워한다.

그러고 보면 쓰촨 항공사는 남다른 서비스를 제공하는 데 성공한 셈이다.

사진관
티베트, 라싸

12월 14일 | 이 사진관에서 사진을 찍을 때 손님이 고를 수 있는 배경에는 포탈라 궁(티베트 전통건축의 걸작으로 달라이라마의 궁전-옮긴이)도 있다. 진짜 포탈라 궁을 코앞에 두고서 화폭에 그려진 포탈라 궁 앞에서 사진을 찍을 이유가 있을까? 바닷가 배경 그림 앞에서 포즈를 취할 이유는 또 무엇일까? 바로 고객의 판타지를 화폭에 실현해주는 작업이리라.

이것을 천박하다고 생각할지 모르겠지만 사실 우리가 사는 동네의 사진관들도 그 속을 파헤쳐보면 그다지 더 세련되었달 것도 없다. 기본적으로 고객이 선택한 배경 속에 고객이 원하는 모습을 담아내는 기회를 제공한다는 것이 흡사하다. 사진관은 새로운 문화를 만났을 때 매우 신속하게 눈금 재조정을 해낸다. 지역 주민들의 문화적 기준과 포부를 전시해주는 곳이 바로 사진관이다.

성수기보다 비수기에 여행을 하는 것이 훨씬 더 재미있다. 관광객을 노리는 사기꾼들도 많지 않고 그 지역에 사는 사람들과 교류할 기회도 더 많아지기 때문이다.

라싸는 인근 부족민들이 물품을 비축하고, 술을 마시고, 아내를 구하러 오는 겨울에 훨씬 더 다채로워진다.

재접속하기
티베트, 라싸

12월 15일 | 야크 호텔의 인터넷이 고장 났기 때문에, 온갖 다양한 젊은 청년들이 게임 실력을 갈고닦는 인근 PC방으로 가야 했다. 정보의 큰 물줄기를 체크하는 것은 내 리서치 작업에 기본이 되기 때문에 세계 어디를 가든지 PC방을 방문하는 일이 점점 잦아지고 있다. 인터넷 사용료만 내면 의자 몇 개를 붙이고 누워 눈도 붙일 수 있다.

적절한 순간에 적절한 사람을 만난다는 것은
중국, 청두, 리틀 바

12월 16일 | 모든 상황 속에서 자연스럽게 존재를 인정받으려면 어떻게 해야 할까? 눈에 두드러지는 것과 잘 융화되는 것의 차이는 무엇일까? 또한, 리서치를 하는 사람으로서 필요한 정보와 통찰을 얻기 위해 자신의 존재를 어떻게 사용, 증폭, 약화할 수 있을까?

발 디딜 틈이 없는 리틀 바의 무대 위에서 현지인 두 명과 독일인 하나로 구성된 낯선 밴드가 연주를 하고 있었다. 카메라와 나의 피부색 덕분에 청중들이 열광하고 있는 무대 바로 앞 공간까지 안내되었다.

그날 밤 자기가 사는 도시를 자랑하고 싶어하는 귀여운 인디 음악 팬 여자애의 인도를 받아 리틀 바 말고도 대여섯 군데의 바를 더 들렀다.

체감 위험도, 체감 안전도
중국, 청두

12월 17일 | 몸으로 느끼는 도난 위험도가 물건을 간수하는 방법에 얼마나 큰 영향을 미치는지 인식하지 못하는 사람들이 많다. 이주 노동자 등 많은 사람이 귀중품을 몸에 지니고 다니는데, 이는 집에 안전하게 보관할 곳이 없기 때문이다. 소지하기에 가장 안전한 장소는 생식기 근처다.

라싸의 길거리 시장에는 비밀 호주머니가 붙어 있는 다양한 종류의 남녀용 팬티를 판다. 나는 인도에서 냄새로 지폐의 종류를 알아맞히는 블라인드 테스트를 한 적이 있다. 이러한 땀, 오줌, 피 냄새가 어느 정도까지 정보를 이해하는 데 영향을 미칠까? 물건의 물리적 혹은 가상적 냄새를 따져봐야 하는 상황은 어떤 것이 있을까?

재충전
일본, 도쿄

12월 19일 | 빨래를 하고, 건전지 충전을 할 시간은 충분하다. K를 데리고 이제 다음 단계로 가자.

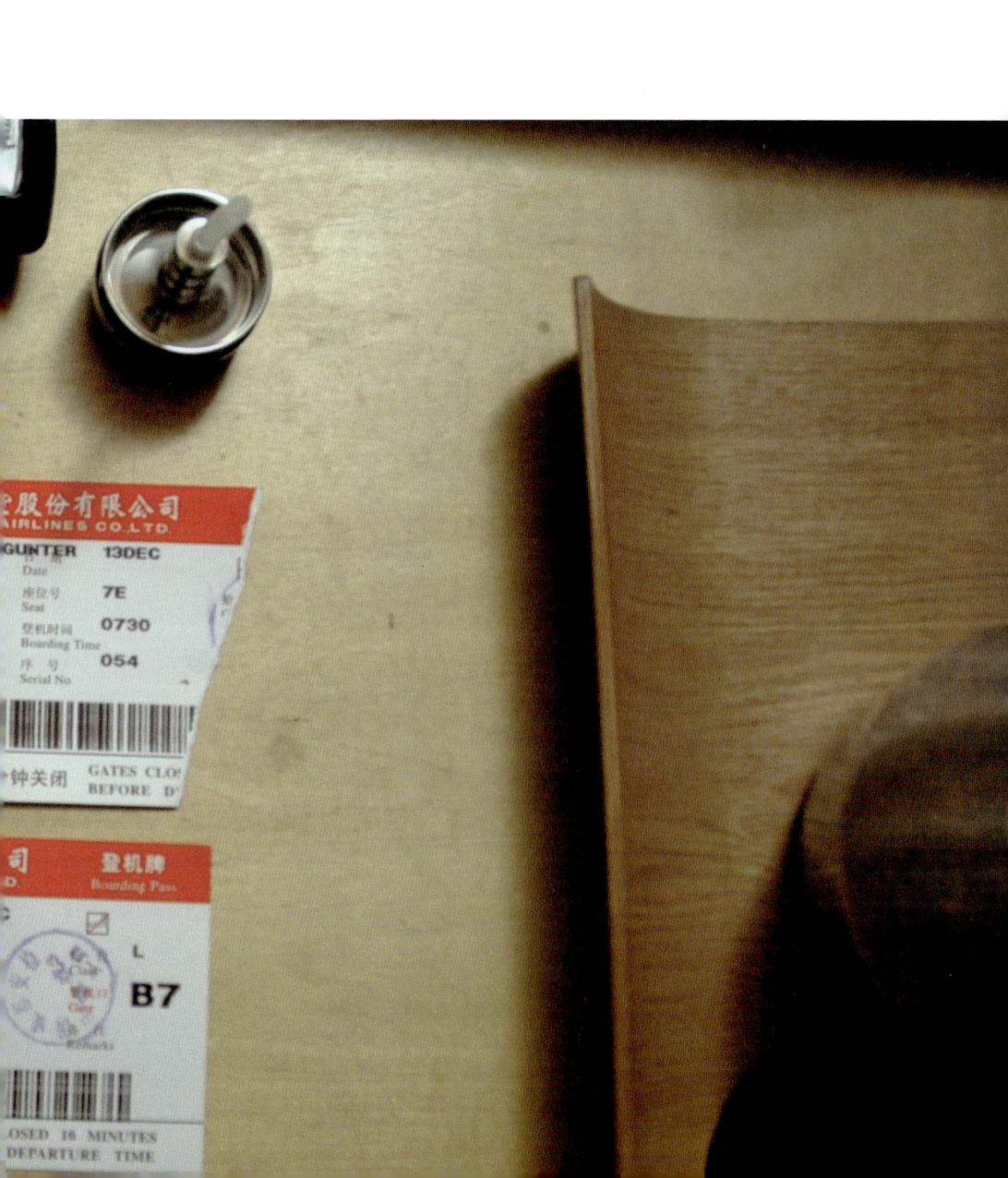

올려다보면 보이는 것
베트남, 후에(Hue, 順化)

12월 24일 | 문지방에 서서 거리를 내다보며 북부 베트남을 초토화한 태풍으로 인해 이 동네에 쏟아지고 있는 폭우를 구경하고 있었다. 오토바이를 타고 호텔로 돌아갈 수 있을 만큼 비가 잦아들 때까지 시간을 때워야 했다.

이 문을 통과하면 이발사, 안마사, 미용사들이 영업하는 곳이 나온다. 그러니 여기 우두커니 서 있을 이유가 있겠는가? 30분 후에 나는 피로가 풀린 몸과 말끔하게 면도를 끝낸 얼굴을 하고 나타났다. 서비스를 받는 동안 나는 가끔씩 졸거나 천장을 열심히 쳐다보면서 서비스를 제공하는 사람들과 눈을 마주치지 않으려고 노력했다.

몇 년 전에 산에서 스노보드를 타다가 지나친 속도와 서툰 실력의 결과로 어느 이탈리아의 병원에서 미는 침대 위에 누워 이리저리 밀려다닌 적이 있다. 의료진은 자원봉사자들이었는데도 불구하고 성심성의껏 나를 보살펴주었다. 이런 곳에 장기간 누워 있는 사람들이 많다는 것을 감안할 때, 천장을 잘 이용해서 환자나 손님들을 위로하거나 즐겁게 해주는 방법이 없을까?

내부에서 무슨 일이 일어나고 있는지 알아맞히기

베트남, 호찌민(胡志明, Ho Chi Minh)

12월 30일 | 오토바이 운전사가 아침 6시에 도착했다. 이번 리서치 프로젝트를 위해 새벽부터 움직이는 사람들을 만나기에는 너무 늦은 시각이다. 새벽 4시, 공원에는 태극권을 연습하는 무리가 있었는데, 지금은 출근하는 사람들로 한창 붐빈다.

오늘 온 운전사는 과묵한 타입으로 5시간이 넘도록 단 한 번도 입을 떼지 않았다. 하지만 문제 될 것은 없었다. 그에게 손짓 발짓을 하거나 웃으면서 그의 어깨를 가볍게 두드리면, 내가 내려서 탐험을 하고 기록을 할 수 있도록 오토바이를 세워주었다.

보통 요금이 얼마 정도인지 궁금하신가? 시간당 2만 베트남 동(1,500원 정도)에 아침 식사와 진한 커피를 넉넉히 사주면 된다.

한 해를 마감하며
베트남 상공

12월 31일 | 집으로 돌아가는 비행기 안에 앉아 있다. 기내등은 이미 어두워져 있고, 대부분의 승객처럼 내 아내 게이코는 녹초가 되어 내 옆자리에 앉아 졸고 있다. 우리는 그믐날 바로 전에 나리타에 도착하게 된다.

휴대용 노트북의 배터리가 아직 남아 있는지라, 지난 1년 동안 잃은 것과 얻은 것을 생각하며 찍었던 사진들을 다시 훑어보는 사치스러운 시간을 즐겼다.

이번 한 해에 찍은 사진의 양이 엄청나다. 리서치 팀원이 보내준 사진, 피실험자가 보내준 일지, 전 세계 곳곳에서 모집한 용역이나 하청인이

보내준 것을 합치면 수십만 장인데다 내가 찍은 것도 만 장 정도 된다. 수많은 사진을 보니 다양한 추억과 함께 여러 가지 상념이 떠오른다. 매일 평범하지 않은 일상을 보내는 사람들이 얼마나 많은가! 이러한 리서치를 통해 우리는 세계인들이 살아가는 독특한 하루하루의 단면을 관찰할 수 있었다. 그들의 삶을 목격하고 기록하는 특권을 가질 수 있게 되어 영광이다.

   나의 작업을 물심양면으로 도와준 여러분, 이토록 흥미롭고 따뜻하고 인간미 넘치는 삶을 꾸려가는 모든 이에게 감사드린다.

부록 A:
'오늘의 사무실'에 관하여

2000년 나는 도쿄로 이주했고 곧 기술회사 리서치 연구실에서 사용자 경험 디자이너로 일하기 시작했다. 사용자 경험 디자인은 과학적인 지식과 영감을 불러일으키는 예술을 바탕으로 디자인을 창조하는 영역이다. 국제적 업무를 하면서 초창기에 방법론에 대해 더 배우고 싶었기 때문에 온라인에 글을 쓰기 시작했다. 블로그의 이름은 '완벽한 미래(Future Perfect)'로 밖에 나가 '오늘의 사무실'에서 일하면서 느낀 점을 가끔씩 글로 올리면서 사람들과 기술과 문화가 만나는 접점을 다루었다.

모든 기관이 고객을 이해하는 데 관심이 많다. 다국적 기업의 경우 이는 현재와 미래 시장에서 무슨 일이 일어나는지 최소한의 기본적 이해가 가능하고, 세계적인 흐름을 짚어내고 그것을 추적할 수 있으며, 다음 단계에 어떤 일이 일어날 가능성이 높은지 명확한 시각을 갖추는 능력을 말한다. 도쿄 연구실에서 일하면서 나는 곧 중요한 것을 깨닫게 되었다. 그것은 바로 우리가 일하고, 놀고, 생활하고, 사랑하는 장소, 즉 실제 삶의 터전인 집과 거리에서 일어나는 일이 사람들을(사용자, 소비자, 피실험자) 연구실에 모아놓고 수집하는 정보보다 훨씬 더 깊은 통찰력을 가져다준다는 것이다.

어떤 고객들은 리서치가 어디에서 이루어질지(또 나의 다음 여행지는 어디가 될 것인지), 시장 잠재력이 무엇인지, 특정 기술과 그것에 따라오는 창발적 행위가 무엇인지, 혹은 어떤 미래의 전체적인 모습을 보여줄 특정 인구 집단이 누구인지 등에 대해 명확한 기대치를 갖고 있다. 또 다른 고객들은 그와 반대로 단지 안내를 해주고 길을 이끌어줄 사람을 찾는다.

처음에는 나의 고객들이 성숙한 시장이라고 여기는 미국, 유럽, 싱가포르, 일본 같은 곳으로 주로 여행을 다녔다. 그러나 시간이 지나면서 브라질, 중국, 인도, 인도네시아 같은 나라들의 경제가 성장하자 그 나라 국민들과 그들의 관습을 알고자 하는 욕망도 커졌다. 10년 전에는 다음 유행을 물색하기 위해 연구하는 장소로 보통 런던, 뉴욕, 밀라노, 도쿄 같은 곳이 이용되었다. 오늘날 이 연구 장소 목록에는 뭄바이, 상파울루, 나이로비, 마닐라, 인도 농촌 지역 혹은 우리가 사는 지구촌 소비자의 동향을 서서히 변화시키는 듣도 보도 못한 이름의 중국 도시가 올라와 있다. 나의 리서치와 여행은 이 모든 시장 속에서 이루어지며, 그 대상 역시 이러한 사회의 최하 빈곤층부터 몇몇 부유한 사람들까지 다양한 인구 집단을 아우른다.

여러 해 동안 나는 그다지 돈이 되지 않는 장소를 연구하는 데 시간과 노력을 투자해왔다. 이러한 프로젝트는 강한 사회적인 임무를 띠고 있으며 이러한 장소는 우리의 지평을 넓혀주고 동시에 이성이 예리하게 초점을 맞추도록 훈련시킨다. "오늘이 삶의 마지막 날인 것처럼 살라"는 격언은 어려움이 많을수록 실천하기 쉬워진다.

여행 일정은 **빠듯할 때가 많다**(프로젝트 청탁이 온 것 중에서 받아들인 것보다 거절한 것이 훨씬 많은데도 나는 1년 중 반을 여행하면서 보낸다). 펜을 들고 종이에 글을 쓰거나 아예 허공으로 날려버리는 행위는 경험을 정신적으로나 감성적으로 소화하는 데 도움을 준다. 그리고 이미 알고 있는 부분과 아직도 발견해야 할 부분의 경계가 보이게 된다.

    이 책을 구성하는 글과 사진들은 상황이 허락하는 한 필요에 따라 포착한 것들이다. 사진은 순간과 아이디어를 포착하는 것이 주목적이어서 미학적 가치는 우선순위에 두지 않았다. 이렇게 포착된 것들은 또 다른 과정의 부산물로 이어질 수도 있다.

    글 중 일부는 현장에서 그날 쓴 것이고, 또 일부는 몇 개월 작업을 한 이후에 떠오른 것이다. 프로젝트 하나에는 열두 명의 연구원, 현지 조력인, 안내인, 디자이너, 전략가들이 동원되어 수많은 맥락적 데이터와 수만 장의 사진과 메모, 수시간의 오디오 등을 수집한다. 또한 그들은 고객과 긴밀한 연락을 유지하며 당면한 문제나 기회에 통찰력을 발휘한다. 현장에서는 언제나 시간은 없고 할 일은 많다. 하루는 일찍 시작하여 늦게 끝난다.

    이렇게 일해 왔고 이렇게 계속 일하리라.

부록 B:
여행 순서

이 책을 시간 순서대로 정확하게 기록하기 위해 노력했다. 원문은 어떤 일을 겪은 후 주로 하루나 이틀 뒤에 썼고 전날에 조사하면서 찍은 사진들을 훑어보면서 기억을 되살린 것들이다. 날짜는 나의 온라인 블로그에 올린 원문과 사진 메타데이터에 기초했다. 그래서 블로그에 글을 며칠 늦게 올리거나 카메라가 현지 시각에 맞춰져 있는 경우 약간의 오차가 있을 수 있다.

 본격적으로 글을 쓰기 시작한 것은 2005년 9월부터다. 그해는 게이코와 함께 네팔 히말라야 산맥에서 트레킹을 하며 맞았고, 리서치는 숨가쁜 속도로 진행되었다. 중국을 여러 차례 방문하기도 하고, 클리블랜드, 뉴올리언스, 로스앤젤레스, 솔트레이크 시티(이 도시는 '천하의 악당(the Meanest Motherucker)'이라는 이름의 리서치 방법이 탄생한 곳이기도 하다) 등을 거쳐 미국을 횡단하는 자동차 여행을 하기도 했으며, 유럽으로 건너가 이곳저곳을 다니기도 했다. 여행을 하지 않는 동안은 일본에서 보냈다. 도쿄에 있을 때가 많았지만, 별들이 우리를 인도할 때면 호다카나 아케다케 근처의 산에 가기도 했다.

 나는 흥미로운 장소에 잠깐씩 다녀오는 것을 특별히 선호하지는 않지만, 기회가 생기거나 지리적으로 가까운 곳에 있다면 짧은 여행을 하기도 한다.

2006		2005
일본, 홋카이도 핀란드, 오울루 핀란드, 헬싱키	1월	네팔, 포카라 네팔, 히말라야 산맥
영국, 런던 영국, 브라이튼	2월	
인도, 델리 미국, 포틀랜드 미국, 댈러스	3월	중국, 베이징 중국, 항저우 영국, 런던
중국, 상하이	4월	중국, 상하이
중국, 구랑위 섬 중국, 샤먼 중국, 푸젠 성	5월	
남아프리카공화국, 요하네스버그 남아프리카공화국, 소웨토 남아프리카공화국, 케이프타운	6월	중국, 항저우 중국, 지린 영국, 런던
싱가포르 우간다, 캄팔라/칸센세로 우간다, 키오테라 미국, 달라스	7월	미국, 클리블랜드 미국, 루이빌
브라질, 코브라솔 브라질, 캄페체 브라질, 상파울루	8월	미국, 뉴올리언스 미국, 솔트레이크 시티 미국, 라스베이거스
핀란드, 헬싱키 미국, 로스앤젤레스 미국, 포틀랜드	9월	미국, 로스앤젤레스 핀란드, 탐페레/ 헬싱키 한국, 서울
이집트, 카이로 이란, 테헤란, 아브카르브 이란, 레이네이	10월	미국, 뉴욕 미국, 화이트플레인스 미국, 로스앤젤레스
핀란드, 헬싱키 독일, 하이델베르크 영국, 런던	11월	미국, 샌프란시스코 중국, 베이징

	12월	
중국, 베이징 중국, 청두 중국, 란저우 티베트, 라싸 인도, 델리 인도, 다르질링 인도, 강토크 인도, 시킴 히말라야 산맥		몽골, 자민우드 몽골, 울란바토르 중국, 베이징 중국, 청두 티베트, 라싸 베트남, 후에 베트남, 호찌민

부록 C:
문화 충격에 관한 주석

전 세계를 돌아다니면서 경험하는 미묘한 문화적 뉘앙스를 해독하는 것을 업으로 삼는 사람도 문화 충격을 받는다는 사실에 놀라는 분들이 계실 것이다. 문화 충격에는 예방주사가 없다.

문화 충격은 리서치 연구원 개인의 임무수행능력과 연구팀의 역학에도 큰 영향을 미치고, 귀국한 후에도 지속적인 반향을 불러일으킬 수 있다.

만약 현장 조사의 목적이 현지 문화를 기록하고 해석하여 그 자료를 토대로 고객에게 조언하는 것이라면 편향된 리서치 결과를 낳는다. 이것은 이 분야 종사자들에게 금기시되는 주제이기 때문에 문제의 원인과 결과를 다루기가 힘들다.

나는 문화 충격을 경험한 동료들을 직접 목격하였고 가끔 스스로 그 증상을 체험하기도 했다. 심한 짜증, 현지인들이나 그곳 풍습에 지나치게 비판적인 태도, 자기 방에 틀어박혀서 오랜 시간 동안 휴식을 취하거나 침대 속에 머무는 행동, 생리적 반응, 폭식, 폭음, 의약품 오용 등 그 증상은 다양하다.

문화 충격의 초기 증상을 촉진하는 요인은 다양하다. 음식이나 위생 상태, 언어 문제 등으로 고생할 때, 개인적으로 자신감에 문제가 있을 때, 다른 문화에 노출된 경험이 제한적일 때, 비현실적인 기대치를 가지고 있을 때, 아프다거나 에너지가 떨어질 때, 시차에 시달릴 때, 형편없는 숙박 시설 및 작업 환경에서 생활해야 할 때 등이 그 예다. 뿐만 아니라 기업 연구원들은 대규모 조직에서 일할 때 받는 일상적 스트레스도 감내해야 한다. 예를 들어 회사 내 구조조정이 있을 때 산 넘고 물 건너 시간대가 다른 곳에 있다 보면 조직 내 결정권자에게서 물리적으로 멀리 떨어져 있다는 사실 때문에 더 불안할 수 있다.

문화 충격을 피하는 단 한 가지 확실한 방법은 여행을 하지 않는 것이다. 당연한 말 같겠지만 여러분이 현장 조사를 갈 팀원을 꾸리는 사람이라면 문제는 달라진다. 누구나 다 여행 체질일 수는 없다는 것을 인정하자. 리서치가 시작되기 전에 본인의 의견을 분명히 밝히고, 주어진 권한을 사용하는 것이 좋다.

일단 현장에 나간 상태라면 문화 충격을 줄일 수 있는 가장 쉬운 방법은 연구팀과 현지 조력팀 전반에 걸쳐 동료애를 고양하는 것이다. 그리고 의사소통을 가능한 많이 할 수 있도록 공식적, 비공식적 기회를 많이 만든다. 또 다른 방법들로는 명확히 짜인 역할을 분담시키는 것, 편안하게 공유할 수 있는 작업 공간을 만들고 사용 규칙을 만드는 것 (자꾸 취침 공간으로 들어가고 싶어하는 사람들이 많을 가능성이 있다), 스트레스와 에너지 수준을 잘 관찰하여 휴식시간을 적절히 할당하는 것, 팀원들이 멀리 있는 사랑하는 이들과 연락할 수 있는 공간과 자원을 확보하는 것 등이 있다.

팀원들이 가장 취약한 시간대는 이른 아침이나 아침식사 시간이다.

의식처럼 마시는 아침 커피처럼 뜨거운 음료 한 잔이 '정상화'를 시키는 데 특히 효과적일 수 있다. 팀원이 마시는 종류의 커피를 미리 사놓는다든가 괜찮은 카푸치노 기계를 마련하는 등 약간의 준비만 있으면 가능하다.

어떤 사람들은 귀국할 때 재입국 충격을 경험하기도 한다. 중요한 주제를 가지고 결속력이 강한 팀과 공동의 목표를 향해 일하면서 느꼈던 감성적 흥분이나 아드레날린 수치가 갑자기 내려가면서 오는 현상일 수도 있고, 회사 경비로 편하게 생활하다가 집으로 돌아와 출퇴근, 빨래, 장보기 같이 시시한 일상적 집안일을 하게 되는 상황 때문에 겪게 될 수도 있다. 아니면 단순히 인간관계나 사생활, 혹은 직장생활에서 안고 있던 문제를 다시 의식하게 되는 환경으로 돌아와서 그럴지도 모른다. 재입국 충격을 경감시키는 방법은 리서치가 다 끝난 후 적어도 이틀 정도는 팀원들이 함께 쉴 수 있는 시간을 마련해야 한다. 그리고 리서치 전후로 팀원들이 휴가를 다녀오도록 격려하는 것이 좋다.

에필로그
지난밤에 대하여 : 어제의 사무실

1987년 겨울,
2012년 8월에 작성

여행을 시작하고 3시간 정도 지나서 시작된 대화는 기차의 움직임에 맞춰 제2외국어가 가미되기도 하면서 리드미컬하게 진행되었다. 가끔 겹겹이 입은 두껍고 낡은 방한복 사이를 뚫고 들어온 차가운 공기가 대화에 쉼표를 찍기도 했다. 그들은 레닌그라드에 있는 아파트에서 휴가를 보내러 가는 중이었으며 나는 소련에서의 마지막 밤을 보내고 있었다. 나는 이 도시의 지리에 익숙지 않았기 때문에 우리가 나중에 만날 약속 장소는 한정되어 있었다. 그 당시 가장 유명한 장소에서 만날 시간을 정했다.

에르미타주 박물관 앞의 궁전 정원은 눈가루로 가볍게 덮여 있었다. 멀리서 거대한 머리를 가진 누군가의 그림자가 다가왔다. 알고 보니 그녀의 코트 모자에 달린 털 장식이었다. 생존을 위한 보온 패션을 실험하고 있는 듯했다.

도브르이 베체르!(Dobryi vyechyer. 러시아 어의 저녁 인사-옮긴이)

안녕!

누구를 만날 때 눈앞에 있는 얼굴을 연구하기 위해서 시간을 얼마나 투자하는가? 대칭, 균형, 잡티를 찬찬히 익히고, 여러분의 말이나 몸짓 언어에 대한 반응을 관찰하며 대화 중 얼굴 움직임의 뉘앙스를 포착하는가? 어느 정도의 주의를 기울이면 지나친 것이며 어느 정도면 부족한 것일까?

그녀는 내가 기차에서 기억했던 것과는 상당히 달랐다. 나 역시 그녀의 기억 속의 모습과는 달랐을 것이다. 하지만 그런 것은 중요치 않았다.

자가용의 자원배분은 계획경제에 어울리지 않아 보였다. 손을 든 사람이 보이면 몇 푼 벌고 싶은 자가운전자가 차를 갓길에 세우고 가격

을 흥정한 뒤 손님을 태워주는 모습이 많이 보였다.

　첫 택시가 한겨울 도로를 20분은 족히 달렸을 때, 운전사는 타이어에 바람이 천천히 새고 있다는 것을 깨달았다. 다른 차를 잡아타는 데 몇 분이 걸렸고 40분이 더 걸려서야 목적지에 도착했다. 즉석 택시는 아파트 단지에 차를 세웠다. 우리는 엘리베이터를 한참 동안 기다린 후 그것을 타고 한없이 올라갔다.

그녀가 휴가를 보낼 아파트의 텅 빈 벽은 감옥을 연상시켰다. 부엌에는 정사각형 테이블과 의자 네 개가 주변에 놓여 있었으며, 거실에는 일인용 침대 두 개가 놓여 있었다. 작은 라디오에서 음악이 흘러나오고 대화는 중간중간 기분 좋게 끊어졌다. 그녀의 친구의 친구도 왔으며, 우리는 함께 독주를 마셨다. 밤이 깊어서야 불이 꺼지고 하나둘씩 침대로 가서 잠을 잤다.

……

내가 제일 먼저 일어났다.

복도에 난 창문으로 흐릿하게 불이 켜진 겨울 풍경이 눈에 들어왔다. 낮게 깔린 안개 위에 우뚝 솟은 거대한 도미노 같은 회색빛 빌딩이 끝없이 펼쳐져 있었다. 엘리베이터는 아래층 어딘가에서 쿵쾅거렸다. 기다리고 싶지 않아 어지럽게 층계참 서른 개를 거쳐 새벽 속으로 내려왔다.

내가 어디에 있는지 알 수 없었다.

나는 가본 적이 없는 한 도시 속에 있었다.

할 줄 아는 말이라고는 보드카를 주문하는 정도였다.

출국 비행기는 몇 시간 후면 떠난다.

젊은 날의 치기 어린 행각이 시작되었다.

……

손을 재킷 호주머니에 찔러 넣고서, 전날 저녁 웨이터가 소개해준 암시장에서 몰래 바꾼 구겨진 루블 몇 장을 만지작거리고 있었다. (호텔에 숨은 여행객이 환전상이었다.) 새로 내린 눈을 뽀드득 밟으며 20분 정도 걸어간 후에야 가장 가까운 도로에 도달하여 버스 정류장 표지판과 그 아래 줄 서 있는 사람들을 발견할 수 있었다.

당신은 낯선 곳으로 가기 위해 버스를 타려고 줄을 서서, 맥락을 체계적으로 관찰할 수 있을 만큼 긴 시간 동안 기다려본 적이 있는지 모르겠다. 내가 입은 얇은 갈색 코트는 주변에 보이는 검정이나 회색의 묵직한 코트와 대조를 이룬다. 아침의 찬 공기를 막기 위해 가까이 모여들면서도 서로 닿지 않을 만큼 개인 간의 거리를 유지하는 것이 이곳의 관습이다. 다들 털이 덧대어져 있는 가죽 장갑을 끼고 있다. 아무도 말이 없다. 날카로운 장대 모양의 거푸집에 콘크리트를 부어서 만든 듯한 막대의 중간에는 바늘 귀 같은 구멍이 나 있는데 그곳에 표지판을 꿰놓았다. 표지판에는 굵은 글씨체의 두 자리 숫자가 한 줄로 적혀 있다. 여기에서는 괜찮지만 노선이 약간 더 늘어나면 금세 표지판을 새로 갈아야 하리라. 이 외딴 정류장에 5톤짜리 철근과 고무와 좌석과 손잡이를 일정 시간마다 불러들여서 통근자와 나를 무사히 레닌그라드 시내로 태워가도록 한 소련 도시 계획가들의 선견지명이 그때나 지금이나 여전히 신기하다.

차가 멈추자 나는 그 무리와 함께 천천히 올라탔다(차비도 내지 않고 말이다. 내 평생 유일하게 갚지 않은 빚으로 남아 있다). 그리고 나는 서서 창밖을 내다보며 위치를 파악하기 위해 안간힘을 썼다. 지하철 표시가 보일 무렵, 김이 가득 서린 창문에 닿아 있던 내 재킷 소매는 흠뻑 젖은 상태였다. 역의 지도에 따르면 가장 긴 지하철 선의 마지막 역 부근이자 내가 묵는 호텔과는 정 반대쪽이었다. 하지만 이제는 적어도 명확한 행선지와 그곳을 찾아갈 수 있는 지도가 있다.

그 당시 사람들이 줄을 서는 행위를 해독하는 일이 내 미래의 밥벌이가 될 줄 누가 알았겠는가?

……

지난주는 계속 이삿짐을 풀었다. 상하이에서의 생활을 접고 샌프란시스코로 이사했다. 태평양을 건너 이사를 하기 위해 소유물을 상자에 몽땅 넣는 일에는 숨은 장점이 있다. 바로 과거와 다시 조우하게 된다는 것이다. 먼저 무엇을 가져가고 무엇을 두고 갈지 결정하면서 과거를 되짚게 되고, 다음으로 이삿짐을 풀면서 과거는 잠시 머물다 간다. 그리고 나서 삶의 중심 무대, 삶의 변두리, 혹은 삶의 뒤편에 물건의 자리를 만들어줄 때 다시 한 번 과거를 만나게 된다. 10년이 넘게 한 번도 열어보지 않은 사진첩을 발견하고서 처음 여행을 시작했을 때의 경험을 더듬어보았다. 청소년기 레닌그라드로의 짧은 여행도 그 시절의 추억이다.

소련은 2년 뒤에 사라졌다.

Information

✚

내가 세 번째로 쓸 책은 '현장 연구 핸드북'으로 연구 방법을 단계별로 자세히 다룰 것이다. 또한 전 세계 곳곳의 제품 조사팀이 통찰을 적용하여 조직에 변화와 혁신을 가져오고 훌륭한 제품과 서비스를 출시하기 위해 사용하는 사고방식을 상세히 설명하려고 한다.

'현장 연구 핸드북'은 정보를 얻고 영감을 불러일으키기 위한 국제적 현장 리서치 수행 방법을 포괄적으로 설명한 가이드북이다. 출간일을 알고 싶거나 미리 연락을 받고 싶다면 웹사이트 thefieldstdyhandbook.com/about-ko를 방문하기 바란다.

✚

국제 현장 작업을 하기 위해서는 전 세계적으로 수많은 현지 조력인과 가이드가 필요하다. 그들은 연구팀의 이동을 돕는 한편 연구에 도움이 될 흥미로운 사람들과 장소를 찾고, 다양한 업무 처리를 도와준다. 국제 연구팀을 위해 현지 조력인이 되고 싶은 사람은 웹사이트 thefixerlist.com/about-ko/를 찾기 바란다. 프로젝트의 내용과 실시되는 국가를 상세히 열람할 수 있으며 지원도 가능하다.